W0199550

Le LIVRE de POCHE

Jeunesse

# PANI,
# LA PETITE FILLE DU GROENLAND

JØRN RIEL

# PANI, LA PETITE FILLE DU GROENLAND

Traduit du danois
par Inès Jorgensen

Illustrations :
Ingrid Godon

HACHETTE
Jeunesse

*Titre original :*
PIJEN SOM SØGTE HAVETS MOR

© Jørn Riel, 1972, 2002.
© Hachette Livre, 2002
pour la traduction française.

À Eva

# 1

Son nom était Pani, ce qui veut dire « petite sœur ». Elle avait des yeux très bruns, des cheveux tout à fait noirs et elle riait plus souvent qu'elle pleurait.

Pani était une petite fille eskimo. Elle vivait dans ce pays qu'on appelle le « Pays des Hommes »*, ou encore le Groenland, un pays

* Les mots suivis d'un astérisque sont expliqués dans un lexique, en fin de volume.

qui se trouve si loin dans le Nord que la nuit et le jour n'ont pas du tout le même rythme qu'ici. Là-bas, il fait nuit noire pendant presque quatre mois de l'année et grand jour pendant quatre autres mois, et pendant quatre autres mois encore, la nuit et le jour alternent comme ici. Les hommes, dans ce pays, vivaient alors tout à fait autrement que nous. Ils dormaient quand ils avaient sommeil et mangeaient quand ils avaient faim. Ils n'avaient aucun horaire à respecter.

Le père de Pani était chasseur. Il chassait des animaux de la mer : le phoque, le morse et la petite baleine qu'on appelle béluga. Il chassait aussi des animaux de la terre : le bœuf musqué, l'ours blanc, le renard et le lièvre. Tout ce qu'il rapportait, il le partageait avec les autres familles de l'habitat* où il vivait, tout comme celles-ci partageaient leur propre butin avec lui. On mangeait la chair des animaux et on utilisait la peau pour faire des vêtements, des couvertures et des tentes. Il y avait de bonnes années de chasse, où tout le monde mangeait à sa faim tous les jours, et il y avait de mauvaises années, où tous les enfants de l'habitat allaient souvent dormir le ventre vide.

Pani n'avait rien d'extraordinaire ; c'était une petite fille tout à fait semblable aux autres petites filles eskimos. Mais elle avait un talent particulier, celui de pouvoir parler aux animaux aussi facilement qu'aux hommes. Elle aurait été bien incapable d'expliquer comment elle faisait, mais une chose était sûre, elle comprenait les grands chiens de traîneau, les oiseaux dans le ciel et encore bien d'autres animaux, aussi facilement qu'ils la comprenaient.

Un jour, alors qu'elle allait fêter son anniversaire, son père rentra d'une tournée de chasse avec un ourson blanc. Il n'avait que quelques mois et dès que son père le sortit du sac qui était accroché sur son traîneau, il commença à siffler et à cracher. Son père l'offrit à Pani en cadeau d'anniversaire et lui recommanda de faire bien attention : il ne fallait surtout pas qu'elle laisse les chiens de traîneau l'attraper, sinon ils le tueraient et le dévoreraient tout cru, avec peau et poils. Il était si mignon, ce petit ourson... Si petit et si doux qu'on ne pouvait s'empêcher de le toucher. Il était tout blanc, avec un museau rose et de petits yeux noirs. Les premiers jours, il était tout le temps en colère, peut-être parce qu'il avait peur. Alors Pani lui parla, elle lui expliqua qu'il ne fallait pas avoir peur. L'ourson lui répondit qu'il ne faisait pas confiance aux hommes et il continua à gronder et à grogner quand on le prenait dans les bras. Il pouvait devenir tellement furieux qu'il se ruait sur les jambes des gens et mordait leurs kamiks*. Mais il était encore si petit qu'il ne pouvait pas faire de mal.

Il ne se calmait que quand il était avec Pani. S'il y avait beaucoup de personnes dans la maison, il se cachait entre ses pieds et, quand elle allait se coucher, il grimpait dans son lit et se fourrait sous la couverture en peau, où il faisait sombre et bon.

Tout au début, Pani le nourrit avec de l'eau sucrée et de minuscules bouts de graisse, mais quand les petites dents de l'ourson commencèrent à pousser, elle mâcha des bouts de viande qu'elle lui mettait dans la bouche. Elle pêchait aussi des cabillauds et des chabots qu'elle découpait en fines lamelles avant de les lui donner. Avec toute cette nourriture, l'ourson devint vite aussi grand qu'un chien de traîneau.

Puis vint l'automne et le moment de cueillir des baies. Pani partait chaque jour dans la montagne avec un grand sac en peau et l'ourson courait sur ses talons. Il jouait dans la bruyère, qui sent si bon à cette saison, et il apprit rapidement à cueillir des baies aussi vite que Pani. Mais, il n'arrivait pas à apprendre à les garder pour plus tard. Il les dévorait aussi vite qu'il les cueillait. Si Pani le grondait en lui montrant le sac en peau où il fallait les mettre, il y fourrait une patte et prenait une grande poignée de baies. Il ne comprenait absolument pas pourquoi il était sage de garder des baies pour la longue nuit de l'hiver.

Quand ils ne cueillaient pas des baies, Pani et l'ourson jouaient ou se battaient. L'ourson adorait se battre. Il fonçait droit sur les jambes de Pani, la renversait, roulait avec elle dans la bruyère et lui mordillait les bras et les jambes. Et Pani riait, c'était si drôle de se battre avec l'ourson ! Elle le serrait dans ses bras et ils roulaient ensemble dans la bruyère, l'un par-dessus l'autre.

Il leur arrivait aussi, le soir, de monter tous les deux dans la montagne, quand les adultes se reposaient ou avaient trop mangé. Ils s'asseyaient sur une butte au-dessus de l'habitat et regardaient le fjord brillant. Pani tressait des couronnes avec une petite fleur rouge qu'on appelle là-bas la « vierge » et l'ourson, assis sur son gros derrière, balançait son long cou pour flairer tout ce qui se passait autour de lui. Pani l'avait appelé Nanok, ce qui veut dire « ours blanc » en eskimo. Ils parlaient souvent ensemble puisque Pani comprenait parfaitement la langue des ours, qui est très différente de la nôtre. Ces soirs-là, quand ils étaient assis dans la montagne à regarder la lumière du soleil qui brillait derrière les crêtes découpées des grandes montagnes au loin, Pani parlait à l'ourson de son père, de sa mère, de ses frères et de ses sœurs. Et Nanok écoutait avec beaucoup d'intérêt puisque le monde des hommes était nouveau et inconnu pour lui. Lui-même n'avait pas grand-chose à raconter puisqu'il était encore très petit et ne se souvenait pas de sa famille.

Pani lui chantait aussi de petites chansons qu'elle inventait et il aimait beaucoup ça. Dès qu'une chanson était finie, Nanok la poussait du museau pour qu'elle continue à chanter.

Quand vint l'hiver, Nanok était déjà devenu si grand que le père de Pani ne voulut plus qu'il reste à la maison. Il lui construisit un enclos juste derrière, assez haut pour que les chiens ne puissent pas sauter par-dessus. Et dans l'enclos, il attacha Nanok avec une solide chaîne. Pani pleura et supplia son père de la laisser garder Nanok dans son lit, mais le père, qui n'avait pas vraiment confiance en l'ours, ne voulut rien savoir. Nanok devait rester dans l'enclos.

Chaque jour, Pani allait s'asseoir auprès de l'ours. Elle lui apportait à manger, lui parlait et grattait son épaisse fourrure blanche. Mais l'ours, qui aurait préféré circuler librement, n'était pas content. Il grognait et ne cessait d'aller et venir au bout de sa chaîne. De l'autre côté de l'enclos, les chiens aboyaient contre lui. Nanok se mettait alors en colère et hurlait. Mais avec Pani il était toujours gentil. Et quand Pani lui racontait que lorsque l'été reviendrait, ils iraient jouer dans la montagne, il se couchait, fermait les yeux et rêvait à l'été. Pani lui parlait de toutes les baies qu'ils allaient ramasser et des grandes promenades qu'ils feraient sur la glace du fjord. Seulement tout cela, elle le lui racontait pour lui faire plaisir ; au fond d'elle-même, elle savait bien que cela n'arriverait pas, qu'elle et Nanok ne vivraient jamais ce merveilleux été ensemble. Son père avait décidé que Nanok serait envoyé par bateau vers le Sud où on l'enfermerait dans quelque chose qu'on appelait un jardin zoologique, afin que les gens là-bas puissent voir à quoi ressemblait un ours blanc vivant.

L'hiver, quand il y a moins d'animaux à chasser, il est toujours difficile pour les Eskimos de se procurer de la nourriture. Les ours dorment dans les grands trous qu'ils ont creusés dans la neige ; la mer gèle et les phoques ne pointent que rarement leurs museaux à la surface des petits trous où ils viennent respirer. La plupart des oiseaux sont partis vers le sud et ceux qui restent sont difficiles à repérer parce qu'il fait nuit tout le temps. Il était donc de plus en plus dur pour le père de Pani de nourrir toutes les bouches : sa famille était grande et les chiens de traîneau avaient toujours faim. Il n'y avait plus grand-chose pour Nanok, qui restait enchaîné tout le temps et n'était utile à rien.

Chaque jour, Pani allait pêcher dans les failles qui se forment dans la glace lorsque la marée monte ou descend.

Un jour, elle partit très loin de l'habitat. La journée était belle. L'air était pur et étincelant de gel. On y voyait bien, aucun nuage ne cachait la lumière des étoiles. Pani longea la grève un bon moment, puis elle escalada une petite hauteur qui s'avançait comme une presqu'île dans la mer gelée. Lorsqu'elle redescendit de l'autre côté, elle découvrit un lac minuscule, que les courants avaient creusé dans la mer gelée.

« Quelle chance ! pensa-t-elle. Là, je vais pouvoir pêcher. »

Elle s'avança sur une petite langue de glace et lança son fil muni d'un crochet. Pani utilisait comme appât des petits bouts de graisse et très vite le premier poisson mordit.

« Aujourd'hui, Nanok va vraiment pouvoir manger à sa faim, pensa-t-elle avec joie. Ici, je vais sûrement pêcher plus de poissons que je ne peux en rapporter. »

Elle sentait bien la langue de glace sur laquelle elle se tenait bouger sous elle, mais elle n'avait pas peur : même si elle cassait et se mettait à flotter sur l'eau, elle serait vite entraînée de l'autre côté du minuscule lac.

Pani pêcha pendant plusieurs heures, si absorbée par son travail qu'elle ne remarqua ni les nuages qui défilaient dans le ciel, ni le vent qui avait commencé à souffler. Les étoiles disparurent, cachées par de grands nuages déchiquetés, et la neige, poussée par le vent, se déposait en fine couche blanche sur les poissons que Pani avait mis en tas à côté d'elle.

Là-bas, au Pays des Hommes, il faut se méfier du vent du nord. Dès qu'on sent son souffle froid sur le visage, mieux vaut se dépêcher de rentrer, car ce vent est dangereux. En très peu de temps, il peut se transformer en tempête et souffler si fort qu'il est impossible de se tenir debout. Et il peut être si froid que les mains et les pieds, le nez et les oreilles gèlent. Mais Pani avait oublié toute prudence. Elle ne pensait qu'à pêcher et ne sentit pas les premiers souffles du vent du nord. Ce n'est que lorsqu'il se mit à souffler très fort et que l'eau commença à l'éclabousser, elle et ses poissons, qu'elle s'arrêta, effrayée. Très vite, elle passa un fil dans la bouche des poissons et les traîna jusqu'à la terre ferme. La tempête devenait de plus en plus forte et la neige fouettait les oreilles de Pani. Le vent la bousculait, il la chahutait comme s'il voulait la soulever pour la jeter contre les montagnes.

« Oh, là, là, quel temps ! »

Elle essaya de lever les yeux mais ils se remplirent de neige.

« Comment vais-je pouvoir retrouver mon chemin jusqu'à Nanok ? Il vaut mieux que j'attende que la tempête se calme, après je retrouverai facilement la maison. »

Pani se mit à ramper à quatre pattes sous la neige virevoltante jusqu'à ce qu'elle trouve une grande congère. Elle retira un des poissons gelés du tas qu'elle traînait derrière elle et s'en servit comme d'une pelle pour creuser la neige.

« Je vais me faire un abri où je pourrai rester au chaud en attendant que la tempête se calme. »

Elle creusa et creusa jusqu'à ce que le trou soit assez grand pour qu'elle puisse y entrer. Elle fut obligée de laisser le tas de poissons dehors, et très vite il fut recouvert de neige. Elle glissa le poisson avec lequel elle avait creusé sous son anorak pour qu'il dégèle.

« Comme ça, je vais sûrement m'en sortir. Si j'ai faim, je mangerai le poisson et si le vent souffle pendant plusieurs jours, j'en ai assez dehors pour me rassasier. »

Puis Pani abaissa le capuchon de son anorak sur ses yeux et s'endormit.

La tempête atteignit rapidement l'habitat. Elle arriva brusquement, faisant trembler les petites maisons. Les chiens se roulèrent en boule et ramenèrent leur grande queue sur le museau pour que la neige n'y pénètre pas. Les chasseurs sortirent attacher les traîneaux, les bateaux en peau et tout ce qui pouvait être emporté par le vent. Quant au père de Pani, il alla de maison en maison pour chercher sa fille. Mais personne ne l'avait vue, personne ne savait où elle était partie. Lorsqu'il eut parcouru tout le village, le vent était devenu si fort qu'il eut du mal à revenir à la maison.

La mère de Pani se mit à pleurer. Elle était inconsolable.

« Oh, pauvre petite, comment va-t-elle faire ? gémissait-elle. Elle va être emportée sur la glace et va mourir de froid...

— Elle va sans doute réussir à se débrouiller, dit son père. Je lui ai appris comment s'enterrer sous la neige lorsqu'on est surpris par une tempête. Si elle ne s'est pas trop éloignée sur la glace, elle se débrouillera certainement. »

Nanok était couché dans son étroit enclos derrière la maison. Il balançait son long cou pour essayer de flairer Pani. Il l'avait attendue toute la journée, il était impatient de la voir et puis il avait grand faim. Il se releva et se mit à aller et venir au bout de sa chaîne. Nanok avait comme un pressentiment de la direction dans laquelle était partie Pani. Il pensait que s'il pouvait se libérer de sa chaîne il la retrouverait sûrement. Mais la chaîne étranglait son cou chaque fois qu'il tirait dessus et il ne pouvait pas quitter l'enclos.

« Il faut que j'aille la chercher, grogna-t-il. Ce n'est pas un temps pour les petits des hommes. »

Et de nouveau, il tira sur sa chaîne.

« Si elle est sur la glace, les hommes ne vont jamais la trouver... Elle est peut-être tombée dans une des grandes failles ou bien elle a été emportée sur une plaque de glace... » L'idée qu'il ne pouvait pas se libérer le rendait furieux.

« Il faut que j'aille la chercher ! » gronda-t-il.

Et, tendant tous ses muscles, Nanok fit un grand bond, qui l'emporta loin du mur où était fixée la chaîne. Celle-ci pénétra dans son cou mais elle ne résista pas au choc. Avec un claquement, elle se rompit, et Nanok se retrouva libre. Ce fut un jeu d'enfant pour lui de renverser un des piquets d'angle de l'enclos et de défoncer le grillage. D'un terrible coup de patte, il détruisit le fragile enclos. Et, son bout de chaîne pendouillant autour du cou, il s'éloigna de l'habitat dans la terrible tempête.

Nanok pensait savoir où il fallait chercher Pani. Il dépassa les maisons, descendit sur la grève et la longea un moment. Puis il franchit une petite hauteur qui s'avançait comme une presqu'île dans la mer gelée et, en arrivant de l'autre côté, il sentit et entendit le trou d'eau où Pani avait pêché. Soudain, il flaira les poissons gelés. Grognant de satisfaction, il se dirigea droit sur la congère où Pani dormait. Il creusa avec précaution, déblaya la neige du trou, y enfonça le museau et lécha le visage de Pani de sa langue chaude. Pani ouvrit les yeux, stupéfaite. Même s'il faisait noir, elle sut tout de suite que Nanok l'avait retrouvée.

« Nanok ! Nanok ! cria-t-elle avec bonheur. Comment as-tu pu te libérer ? »

Elle passa les bras autour de son cou et fourra joyeusement la tête dans sa fourrure chaude.

« Regarde ! dit-elle après l'avoir lâché pour sortir le poisson qui était sous son anorak. Mange-le ! J'en ai plein d'autres juste devant l'abri. Aujourd'hui, tu vas vraiment manger à ta faim. »

Nanok avala le poisson et Pani sortit de l'abri. Mais comme le vent soufflait ! Elle dut s'accrocher au poil de l'ours pour ne pas être emportée.

« Tu ne crois pas qu'il faut qu'on attende que la tempête soit finie ? » demanda-t-elle.

Nanok secoua la tête.

« Il fait trop froid, dit-il. Assieds-toi sur mon dos et je vais te ramener. »

Pani grimpa sur le dos de l'ours. Elle accrocha le fil avec les poissons autour de sa taille et s'agrippa au cou de Nanok.

« En route ! cria Nanok. Accroche-toi bien ! »

Et, avec Pani sur le dos et le lourd paquet de poissons traînant derrière lui, Nanok revint à l'habitat.

Lorsqu'ils s'approchèrent des maisons, les chiens devinrent nerveux. Ils se mirent à hurler comme le font toujours les chiens de traîneau quand ils sentent un ours à proximité. Le père de Pani les entendit et ouvrit la porte pour guetter dans le noir. Soudain, il vit s'approcher une grande silhouette et il entendit la voix de Pani :

« Papa ! Papa ! Regarde... Nanok est venu me chercher. Il ne faut pas que tu te fâches parce qu'il a rompu sa chaîne. »

Après cette aventure, le père de Pani ne craignit plus que Nanok fasse du mal à sa fille. Une fois la tempête passée, il répara l'enclos : Nanok devait y rester pour qu'il n'y ait pas de bagarre avec les chiens de traîneau, toujours batailleurs. Mais on lui retira sa chaîne, et Nanok trouva cela merveilleux.

Le printemps arrivait. Le soleil était de plus en plus haut dans le ciel et, à chaque jour qui passait, il faisait un peu plus clair. Pani et Nanok étaient presque toujours ensemble. Les autres enfants se moquaient d'eux et inventaient des refrains idiots qu'ils chantaient devant l'enclos. Aucun d'entre eux n'osait cependant en franchir le seuil. Au fond d'eux-mêmes, les enfants étaient jaloux de ne pas avoir un ami ours avec qui ils pouvaient parler.

Les adultes de l'habitat secouaient la tête, disant au père de Pani qu'il ferait mieux de faire un peu plus attention à sa fille. Ils racontaient plein d'histoires horribles sur les ours, combien ils étaient rusés, combien ils avaient tué et dévoré de gens. Mais le père de Pani répondait en souriant que sûrement autant d'ours avaient été mangés par les hommes ; alors, est-ce que ça ne revenait pas au même ? Si Nanok n'avait pas peur de Pani, il n'y avait pas de raison qu'elle ait peur de lui. Le père disait qu'il ne craignait pas que Nanok fasse du mal à sa fille puisqu'il était parti dans la tempête pour la sauver : c'était une preuve évidente qu'il tenait à elle. Du moment qu'il mangeait à sa faim et qu'il se sentait bien, l'ours était brave comme tout. Le père veillerait à ce que Nanok ait tout ce dont il avait besoin jusqu'au jour où il serait envoyé par bateau dans le Sud et pour rejoindre le jardin zoologique.

L'été approchait et le bateau allait bientôt arriver. Même si Pani n'avait aucune envie de se séparer de l'ours, elle savait que son père ne reviendrait pas sur sa décision. Il disait que c'était mieux pour l'ours, qu'il serait bien nourri et n'aurait strictement rien à faire.

Le soir où, depuis le rocher de guet, on vit arriver le bateau, Pani décida de libérer l'ours. Elle apporta comme d'habitude son sac de couchage dans l'enclos pour passer le dernier soir avec son camarade de jeu. Elle avait apporté aussi un petit foie de phoque que lui avait donné son père pour Nanok, afin qu'il ait une de ses friandises préférées pour sa dernière nuit. Nanok dévora le foie en une seule bouchée, puis il lécha les mains de Pani de sa langue bleue, comme font les ours pour remercier. Pani le gratta derrière l'oreille et lui dit :

« Maintenant, nous allons partir, Nanok. Il faut que tu t'en ailles sur la glace et que tu restes loin des maisons des hommes. »

Nanok grommela :

« Je n'ai pas du tout envie de te quitter. Je préfère rester ici, même si je dois vivre dans l'enclos toute ma vie.

— Demain, on va te mener à bord du bateau, lui expliqua Pani, et alors, de toute façon, on ne se reverra plus. Je ne veux pas que tu restes enfermé toute ta vie là-bas. »

Elle se leva et ouvrit l'enclos. Puis elle alla auprès des chiens de traîneau et attacha de petits bouts de lanières de cuir autour de leur museau pour qu'ils n'aboient pas quand l'ours passerait devant eux. Pour être sûre qu'ils ne les suivraient pas, elle coinça leurs pattes avant dans leur collier ; comme ça, ils ne pourraient pas aller bien loin. Puis elle monta avec Nanok dans la montagne où ils avaient joué et ramassé des baies à l'automne et ils marchèrent ensemble jusqu'au fjord, toujours recouvert de glace. Pani montra la glace du doigt. Elle jeta les bras autour de son cou et resta un instant le visage enfoui dans sa fourrure.

« Allez Nanok, va-t'en ! Pars sur la glace et ne reviens jamais. »

Nanok la regarda puis grogna à voix basse. Pani savait que c'était sa façon à lui de pleurer. L'ours regarda alors le fjord qui, sous le soleil bas, avait la même couleur qu'une peau d'orange. Pani lui donna une tape sur le postérieur et répéta : « Allez, va-t'en... » Et Nanok s'en alla sur la glace.

Du haut de la montagne, Pani suivit son ami des yeux aussi longtemps qu'elle le put. Elle vit qu'il se retournait souvent, puis elle l'entendit hurler et sut que cela voulait dire au revoir.

# 2

Le village où vivait Pani était très petit ; pour en parler on utilisait le mot « habitat ». Il n'y avait que neuf maisons et un bâtiment qui servait à la fois d'école et d'église. Mais Pani, qui n'avait jamais connu autre chose, le trouvait plutôt grand.

Les maisons étaient construites en bois et en tourbe, et la plupart d'entre elles n'avaient qu'une seule pièce, qu'on utilisait à la fois comme salon, salle à manger et chambre à coucher.

Chez Pani aussi, il n'y avait qu'une seule pièce. Elle était meublée de deux larges lits en bois, un pour les adultes et un autre pour les enfants. Et puis il y avait une longue table, placée sous la fenêtre et un poêle en fonte, qui servait à la fois pour chauffer la maison et pour faire à manger. Au-dessus du poêle était suspendu un séchoir pour les kamiks, les chaussettes et tout ce qui devait sécher.

Pani avait deux grandes sœurs, Mala et Poline, un grand frère qui s'appelait Merqat, et puis le plus adorable des petits frères, qui était si petit qu'il n'avait pas encore reçu de nom. On l'appelait simplement Nukat, ce qui veut dire « petit frère », mais ce n'était pas un vrai nom.

Les maisons de l'habitat se trouvaient sur un flanc de montagne tourné vers le fjord. Tout près de l'eau vivait une vieille femme que tout le monde appelait Ningiok, c'est-à-dire « grand-mère ».

Ningiok était très vieille et ne pouvait plus travailler. C'étaient les autres familles de l'habitat qui lui apportaient de la nourriture et tout ce dont elle avait besoin. Tout le monde l'aimait beaucoup, car c'était une merveilleuse conteuse et les gens pouvaient rester des heures entières à écouter les anciens récits que Ningiok racontait. Elle-même les avait entendus bien des années auparavant, mais elle s'en souvenait parfaitement.

Pani, qui adorait toutes ces vieilles histoires, rendait souvent visite à Ningiok. Et Ningiok aimait beaucoup la petite fille et savait qu'elle parlait aux animaux. Ningiok aussi savait faire des choses que personne d'autre ne savait faire et elle connaissait les tupilaks, les petits esprits du fjord, et bien d'autres choses encore.

Un jour, Pani descendit chez Ningiok. Elle portait Nukat sur son dos car elle avait promis à sa mère de le garder ce jour-là. Ningiok était assise sur son lit et brodait un joli motif sur une paire de kamiks.

« Oh, comme il est beau, ce petit garçon que tu portes sur ton dos, Pani ! s'exclama-t-elle quand Pani entra. A-t-on jamais vu un si joli enfant ! »

Ningiok quitta le lit et sortit Nukat du sac à dos pour le regarder.

« Comme il est vigoureux ! murmura la vieille femme. Et comme il a de belles joues rondes ! Pourvu qu'il ne connaisse jamais la faim. »

Pani s'assit sur le bord du lit.

« Comment ça se fait qu'on souffre de la faim ? Pourquoi est-ce qu'il n'y a pas toujours assez à manger ? » demanda-t-elle.

Ningiok s'assit à côté d'elle en prenant Nukat sur ses genoux.

« Nous avons faim quand les chasseurs ne trouvent plus d'animaux à chasser, dit-elle.

— Mais pourquoi est-ce qu'il n'y a pas toujours assez d'animaux ? demanda Pani.

— Parce que parfois, pour une raison ou une autre, la Mère de la Mer se fâche et retient les animaux auprès d'elle. »

Pani continua à l'interroger :

« Mais pourquoi est-ce qu'elle se fâche, Ningiok ? Qu'est-ce qui la met tant en colère ?

— Ce sont les hommes, répondit Ningiok.

— Et pourquoi ?

— Bonne question ! C'est ça qui est bizarre avec nous, les hommes. »

Pani joignit ses mains sur ses genoux et regarda la vieille femme avec espoir :

« Ne veux-tu pas me raconter pourquoi elle se fâche et pourquoi elle retient les animaux ?

— Mais si. Viens. D'abord, on va faire du café et sortir des biscuits pour les tremper dedans. Je suis si contente que tu me rendes visite ! »

Pani prit la bouilloire qui chauffait sur le poêle. Il ne lui fallut pas longtemps pour faire le café. Ningiok farfouilla sous son lit avec un bâton et en sortit une grosse boîte en métal, pleine de biscuits.

« Ah, maintenant on va vraiment passer un bon moment ! » dit la vieille femme.

Elle versa du café dans deux grands gobelets en métal et posa la boîte de biscuits sur le lit.

« Mais tu vas d'abord me raconter ce qui s'est passé avec ton ours blanc... (Elle rit un peu.) J'ai appris que tu l'avais libéré. »

Pani hocha la tête et Ningiok poursuivit en riant :

« Il s'est libéré et a disparu juste avant l'arrivée du bateau, n'est-ce pas ? (Elle fit un clin d'œil à Pani.) Mais qu'est-ce qu'il a dit, ton père ? »

Pani déposa Nukat sur le lit et prit le gobelet que lui tendait Ningiok.

« Oui, c'est moi qui ai libéré Nanok, répondit-elle. C'était mon meilleur ami, il était même venu me sauver dans une violente tempête de neige.

— C'était un ours bien gentil, dit Ningiok, vraiment gentil. »

Pani but son café chaud.

« Oui, et ç'aurait été dommage qu'il vive dans le Sud, où il ne connaît personne et où il fait horriblement chaud, dit la petite fille. Et puis être enfermé dans un jardin zoologique ! C'est pour ça que je l'ai accompagné jusqu'au fjord et que je lui ai dit de partir très loin et de ne jamais revenir dans l'habitat. »

Ningiok trempa son biscuit dans le café pour le ramollir.

« C'est sûrement mieux comme ça, dit-elle. Un ours doit vivre au milieu des glaces, pas dans un jardin zoologique. Mais qu'a dit ton père ? Il n'était pas fâché ?

— Non, il m'a dit qu'il avait souvent pensé à libérer Nanok, mais qu'il ne l'avait pas fait parce que, s'il avait vendu Nanok au jardin zoologique, il aurait pu s'acheter un fusil neuf. Et il en avait bien besoin.

— Et maintenant il n'aura pas son fusil neuf..., ajouta malicieusement Ningiok. Mais tu verras, c'est sûrement mieux comme ça. Parce que s'il avait vendu Nanok au jardin zoologique, la Mère de la Mer se serait peut-être fâchée et son nouveau fusil ne lui aurait servi à rien du tout.

— Oh, s'il te plaît, Ningiok, parle-moi de la Mère de la Mer ! » supplia Pani.

Ningiok hocha la tête. Puis elle se mit à raconter :

« La Mère de la Mer habite au fond des eaux, dans un endroit que les gens ordinaires ne connaissent pas. Son pouvoir s'étend sur tous les animaux marins et, comme je te l'ai dit, les hommes doivent se débrouiller pour ne pas la fâcher.

— Comment peut-on éviter ça ?

— Par exemple, on peut ne pas attraper des ours pour les vendre ensuite au jardin zoologique, et on peut éviter de faire souffrir ou même de taquiner les animaux. Parce que si elle se fâche, ça retombe sur les hommes : elle dit à tous les animaux de la mer de ne pas aller vers les côtes, de ne pas s'approcher des habitats des hommes. Et alors les chasseurs ne trouvent plus d'animaux à chasser et leurs familles souffrent de la faim. »

Pani leva les yeux vers la vieille femme :

« Mais, Ningiok, est-ce qu'elle ne redevient jamais gentille ? Reste-t-elle tout le temps fâchée ?

— Oh, non. Mais ça peut durer longtemps et il peut être très difficile de l'adoucir, répondit Ningiok. D'ailleurs, une personne ordinaire ne peut pas le faire. Seul un grand angakok*, un sorcier, peut arriver à calmer la Mère de la Mer.

— Et toi, tu pourrais le faire, Ningiok ? demanda Pani.

— Je ne sais pas, murmura Ningiok en souriant. Je n'ai jamais essayé, mais je crois que ce serait difficile pour moi.

— Et comment fait-il, le sorcier ?

— Eh bien, d'abord il faut qu'il la trouve, ce qui n'est pas aisé. C'est à la fois difficile et très dangereux. Et, quand enfin il l'a trouvée, il faut qu'il peigne ses cheveux jusqu'à ce qu'ils soient tout à fait propres et brillants. Parce que je dois te dire que, quand les hommes font quelque chose de vraiment bête, toute cette bêtise s'accroche comme de la saleté dans les cheveux de la Mère de la Mer. Et seulement quand le sorcier l'a peignée pendant des heures et des heures, quand ses cheveux sont de nouveau propres et beaux, elle retrouve sa bonne humeur. Et alors, si le sorcier le lui demande, il est possible qu'elle relâche les animaux de la mer pour que les chasseurs puissent de nouveau chasser. »

Pani réfléchit un long moment à ce qu'avait dit Ningiok. Elle était contente d'avoir libéré Nanok, sinon la Mère de la Mer aurait peut-être été très en colère et tout le monde aurait souffert de la faim dans l'habitat.

Elle demanda à Ningiok :

« Si un jour la Mère de la Mer est très fâchée, est-ce que tu essaieras de la trouver, Ningiok ? »

Ningiok secoua la tête :

« Non, je ne crois pas. Je suis devenue trop vieille et je ne supporterais pas le long voyage.

— Mais, Ningiok, s'il n'y avait personne d'autre pour le faire ?... dit Pani. Puisque le vieux Jobi, qui était angagok, est mort, tu es la seule à connaître les tupilaks du fjord. Papa dit que tu connais même les habitants de l'intérieur et Tornarssuk, le plus grand des esprits-assistants. Dis, Ningiok, tu voudras bien essayer ? »

Ningiok regarda gravement Pani :

« Non, je ne crois pas. Je crois qu'il y en aura d'autres, des plus jeunes. Des jeunes qui possèdent certains talents, comme celui de parler aux animaux...

— Moi ? » cria Pani tout effrayée.

La vieille femme hocha la tête :

« Nous verrons, dit-elle, nous verrons, si la situation se présente. »

# 3

L'habitat où vivait Pani était l'un des lieux habités situés le plus au nord de notre planète et il n'avait donc que très peu de contacts avec le monde dans lequel nous autres vivons.

Il n'y avait qu'un mois dans l'année où la glace qui recouvrait la mer avait suffisamment fondu pour qu'un bateau puisse arriver jusqu'aux côtes. Aussi, quand le bateau arrivait, c'était un événement important pour les enfants. Le bateau livrait du charbon, du pétrole et d'autres marchandises à la boutique et, de temps en temps, il amenait aussi des étrangers, venus voir comment on vivait dans un coin aussi reculé.

Le bateau qui aurait dû amener Nanok au jardin zoologique avait justement laissé descendre un de ces étrangers. Les gens de l'habitat le trouvaient drôle avec sa grande barbe noire qui lui couvrait presque tout le visage. Les enfants l'appelèrent tout de suite Umimak, ce qui veut dire « bœuf musqué ». En effet, avec sa barbe, il ressemblait un peu à cet animal. Umimak était un scientifique venu étudier les conditions climatiques dans ces régions nordiques qu'on appelle arctiques. Il devait rester dans l'habitat pendant un an et avait apporté des provisions et des matériaux pour se construire une petite maison. Les hommes de l'habitat l'aidèrent à construire la maison et les enfants se rendirent utiles comme ils le pouvaient.

Umimak était un homme gentil. Il avait déjà vécu avec des Eskimos, plus au sud du pays, et il parlait leur langue. Il consacrait volontiers du temps aux enfants. Quand sa maison fut terminée et ses nombreux instruments de mesure installés, il rassembla tous les enfants de l'habitat devant chez lui et leur offrit du café et des bonbons. Et pendant que les enfants se régalaient, il montra du doigt un grand iceberg dans le fjord et dit :

« Il y a quelques années, j'ai entendu raconter une histoire sur un iceberg comme celui-là. »

Les enfants tournèrent la tête et regardèrent l'iceberg. Il était imposant, avec au sommet des crêtes effilées et au milieu un grand trou qui permettait de voir au travers.

Umimak leur demanda :

« Est-ce que vous avez envie d'entendre cette histoire ? »

Les enfants hochèrent la tête avec enthousiasme. Jamais ils n'avaient entendu d'histoire sur un iceberg, c'était tout nouveau et passionnant.

Alors Umimak raconta :

« Ceci est l'histoire d'un grand et bel Iceberg, né pas très loin de chez vous. Sa mère était l'Immense Glace qui repose comme un édredon sur le pays derrière le fjord, celle qu'on appelle l'indlandsis. Son père était Nerkajak, le vent du nord-ouest, qui était venu en visite.

« Il y a bien des années de cela, par une journée d'été, l'Immense Glace avait lancé dans le fjord une langue de glace. C'était un peu comme si elle avait fait un enfant de glace, et l'eau se mit à le lécher, lui promettant de le porter sur son dos s'il acceptait de se séparer de sa mère. Mais l'enfant de glace s'accrocha, il avait peur de partir seul vers le sud. Puis un jour, le vent Nerkajak passa en hurlant au-dessus du fjord étroit. Il fouetta l'eau en vagues, qui bousculèrent l'enfant de glace, et fit voler l'écume qui se formait sur les crêtes des vagues vers la vallée, où elle se transforma en brouillard de mer. Alors seulement l'enfant de glace se détacha de sa mère et partit sur l'eau démontée.

« Au début, il n'arrivait pas du tout à garder son équilibre. Il tournait et se retournait dans l'eau, incapable de savoir ce qui était le haut et ce qui était le bas. Autour de lui, son père, le vent Nerkajak, hurlait et sifflait, mais il lui était impossible de comprendre ce qu'il disait. Les vagues frappaient ses faces de glace, mais l'Iceberg nouveau-né était beaucoup trop effrayé pour écouter les conseils que lui donnait l'eau. Complètement étourdi, il alla s'accrocher sur un écueil pour attendre que le vent sorte du fjord.

« Plusieurs jours passèrent avant que le calme ne revienne autour de l'Iceberg. Mais soudain, un matin, il se réveilla et regarda avec étonnement autour de lui. Au loin il voyait l'Immense Glace, qui était sa mère, toute étincelante de blancheur, si belle que ça lui faisait presque mal aux yeux. Le fjord était entouré de hautes montagnes brunes, et à l'embouchure voguaient d'autres icebergs : ils s'étaient détachés de l'indlandsis sous la violente tempête et partaient vers la mer. C'étaient bien sûr les frères et sœurs de l'Iceberg qui, tout heureux de voir de la famille, les salua.

« Ses frères et sœurs lui crièrent de se dépêcher de descendre de son écueil et de les suivre, c'était si merveilleux de voguer sur la mer... Ça avançait très vite et on avait tout l'espace qu'on voulait. L'Iceberg se tordit et se tortilla à en faire craquer tout son grand corps, mais il n'arriva pas à se décrocher. La journée était chaude, car c'était l'été, et vous savez qu'ici, en été, le soleil brille dans un ciel bleu nuit et jour. Et comme il faisait très chaud et qu'il n'arrivait pas à descendre de son écueil, l'Iceberg se mit à pleurer. Ses larmes coulaient sur ses faces glissantes, se rassemblaient en minuscules lacs, puis couraient sur son gros ventre et tombaient dans le fjord. Un jeune phoque curieux eut envie d'aller voir ce qui pouvait bien faire ce drôle de bruit. Il sortit sa petite tête ronde de l'eau et vit l'enfant de glace qui souffrait terriblement sur son écueil.

« "Eh bé, ça c'est trop fort ! cria le phoque étonné. Qu'est-ce qui peut bien faire pleurer un grand gaillard comme ça ?

« — Je n'arrive pas à descendre de l'écueil, renifla l'Iceberg, et maintenant mes frères et mes sœurs s'en vont sans moi sur la mer où il fait si bon.

« — Mince alors ! Oui, ça c'est bien triste, admit le phoque tout en secouant la tête et en faisant voler les gouttes d'eau de sa moustache. Tu as dû trop bien t'installer, mon ami. Tu n'arrives vraiment pas à descendre ?

« — J'ai tout essayé, répondit l'Iceberg attristé, je me suis tordu et tortillé, mais rien n'y fait.

« — Tu vas voir, quand la Marée montera, tu t'en sortiras, réfléchit le phoque. Et si tu as un peu de place sur ton gros ventre, je peux monter te tenir compagnie un moment.

« — Ça oui, de la place, j'en ai, répondit l'Iceberg joyeusement. (Il se sentait très solitaire sur son écueil et avait bien envie de la compagnie du phoque.) Tu es tout à fait le bienvenu".

« Le phoque se hissa sur un des flancs de l'Iceberg et s'allongea sur le dos, ses petites pattes avant dressées vers le ciel bleu.

« "Comme il fait bon ici ! s'exclama-t-il en poussant un soupir de bien-être. Et si tu n'as rien contre, tu peux continuer à pleurer, c'est si rafraîchissant..."

« Et l'Iceberg continua à pleurer pour faire plaisir à ce brave petit phoque. Au bout d'un moment, ne trouvant plus de raisons de pleurer, il se mit à transpirer, faisant couler de minces ruisseaux sur son invité.

« Au cours de la soirée, la Marée commença à monter. Lentement, elle remonta l'étroite embouchure du fjord, et, juste au moment où elle passait devant l'Iceberg, le phoque l'appela :

« "Hé, toi !

« — Qui appelle la Marée ? répondit le flux montant avec grand sérieux.

« — C'est moi, Phoque Marbré", dit le phoque, car tel était son nom.

« La Marée fit plusieurs fois le tour de l'Iceberg pour voir si le phoque était quelqu'un de sa connaissance.

« "Mais où es-tu ? Je n'arrive pas à te voir, marmonna-t-elle.

« — C'est parce que je suis couché sur le gros ventre de l'Iceberg, répondit en riant le phoque marbré. Monte un peu plus et tu me verras."

« Et la Marée, qui était très curieuse, monta un peu plus, mais elle n'arrivait toujours pas à voir le phoque.

« "Je crois que tu te moques de moi, petit garnement, gronda-t-elle.

« — Plus haut, madame la Marée, plus haut ! cria le jeune phoque en faisant un clin d'œil rusé à l'Iceberg. Tu vas voir, bientôt elle sera si haute que tu pourras te laisser glisser en bas de l'écueil", lui chuchota-t-il. Puis il cria de nouveau : "Plus haut, ma vieille !

« — Ceci n'est pas légal, répondit la Marée. Si je monte plus haut, je vais devenir marée d'équinoxe et alors j'aurai des ennuis avec ma patronne, la Lune."

« Ce qui était tout à fait vrai, car la Marée est embauchée par la Lune et n'a le droit de monter si haut qu'à des périodes fixées d'avance – elle prend alors le nom de Marée d'équinoxe. Mais le petit phoque continua à la titiller :

« "Ça ne fait rien, je te promets que je ne rapporterai pas. La Lune ne le saura jamais.

« — Bon, bon, alors je vais le faire".

« Et la Marée monta et devint une vraie

petite Marée d'équinoxe, ce qui n'était encore jamais arrivé en dehors des périodes légales.

« "Ah, c'est là que tu te prélasses, petit garnement !" dit la Marée d'équinoxe illégale.

« L'Iceberg sentit qu'il devenait tout léger. Un drôle de bruit grinçant se fit entendre sous ses pieds, puis il glissa lentement au bas de l'écueil.

« "Eh là, arrête, arrête, tu vas me rayer !" gronda l'écueil. Mais le grand Iceberg glissa dans l'eau, droit dans les bras de la Marée d'équinoxe. Le phoque enfonça prudemment ses griffes dans son gros ventre pour ne pas lâcher prise.

« Et voilà !" jubila-t-il avec enthousiasme.

« Puis, dès que l'Iceberg se fut complètement libéré de l'écueil, il sauta tête la première dans la Marée d'équinoxe.

« "Tu m'en fais faire, des bêtises ! grommela la Marée d'équinoxe, à présent tout occupée à retrouver sa taille normale.

« — Un grand merci pour ton aide, madame la Marée", dit le phoque en riant.

« Et il enfonça son petit museau moustachu

dans les vagues et joua à embrasser la Marée sur la bouche. C'était un jeu idiot, bien sûr, puisque la Marée n'a évidemment pas de vraie bouche ; la Marée n'est que l'eau des grandes mers à qui la Lune demande d'entrer dans toutes les baies et tous les fjords et de n'en ressortir qu'après avoir atteint les marques qu'ont laissées ses ancêtres depuis des siècles et des siècles.

« Mais même si la Marée n'a pas de vraie bouche, elle peut parler, ça vous le savez peut-être vous-mêmes. Si on écoute bien, on peut l'entendre, comme on peut entendre les fleurs de la bruyère chuchoter entre elles en automne, de la même façon qu'on peut entendre la petite fleur rouge qu'on appelle la “vierge” raconter des histoires au romarin, jusqu'à ce que celui-ci se mette à rire et à agiter ses petites fleurs bleues. »

Umimak fit une pause. Il gratta pensivement sa grande barbe et regarda l'iceberg.

« Savez-vous, d'ailleurs, dit-il, que tous les êtres vivants parlent ? Il suffit de bien les écouter pour les comprendre ». Pani hocha la tête. Elle savait en tout cas qu'on pouvait parler avec les animaux. Puis son cousin Palo demanda impatiemment :

« Mais alors, qu'est-ce qui est arrivé à l'Iceberg ? »

Umimak regarda Palo.

« Oui, revenons-en à l'Iceberg. C'est une longue histoire. Vois-tu, d'abord l'Iceberg a remonté un peu le fjord pour revoir sa mère une dernière fois et lui faire ses adieux. Il s'est arrêté tout près de l'indlandsis et a levé les yeux.

« "Je voulais juste te dire au revoir avant de partir dans le monde, dit-il.

« — Ça, c'est très gentil, répondit l'Immense Glace. Alors, bon voyage. Et fais attention, ne descends pas trop vers le sud, sinon tu vas fondre et disparaître.

« — C'est quoi, le sud ? demanda l'Iceberg qui ne connaissait pas les quatre points cardinaux.

« — Le sud, c'est la direction dans laquelle le courant va te mener quand tu arriveras dans la mer. C'est de ce côté-là que souffle ton père, Nerkajak. Nerkajak vient du nord et va vers le sud. La prochaine fois qu'il te rendra visite, il hurlera de ses mille bouches, et il faudra que tu trouves un écueil solide où t'arrimer et attendre le retour du calme. Comme ça, tu auras une longue vie heureuse.

« — Je m'en souviendrai, promit l'Iceberg.

« — Très bien, mon enfant. Et souviens-toi que l'est, c'est là où le Soleil se lève quand il revient après la longue nuit de l'hiver. Et l'ouest, c'est là où tu vois des montagnes quand tu vogues avec ton père dans le dos.

« — Ça, c'est difficile, soupira l'Iceberg, mais je vais essayer de m'en souvenir.

« — Oui, essaie. Si tu te souviens de ce que j'ai dit, si tu sais où sont les points cardinaux, tu ne peux pas te perdre. Allez, pars dans le monde comme l'ont déjà fait tes frères et sœurs. Bonne route, mon enfant ! »

« La Marée avait commencé à descendre et à quitter le fjord. Elle transporta l'Iceberg sur son dos et autour de lui, dans l'eau, jouait le jeune Phoque Marbré. Il voulait accompagner son grand camarade jusqu'à l'embouchure. Ils passèrent devant de hautes montagnes sombres et l'Iceberg vit qu'elles étaient tapissées de petites plantes vertes et brunes. Parfois, il apercevait de larges vallées pleines de coquelicots rouges. Il lui sembla que ces vallées étaient ce qu'il avait vu de plus beau au monde.

« "Remonte sur mon ventre, dit-il au phoque, comme ça tu verras combien c'est beau, la terre.

« — Grand merci, cria le phoque, c'est bien aimable."

« Le jeune phoque grimpa et la vue des vallées aux coquelicots lui sembla si belle qu'il en eut presque le souffle coupé.

« Pendant un demi-sommeil, ce qui correspond presque à une journée, ils voguèrent ainsi. Le petit phoque dormait paisiblement sur l'Iceberg et, de temps en temps, l'Iceberg s'offrait aussi un petit somme. C'était bien doux d'être porté par la Marée. Lorsqu'ils arrivèrent à l'embouchure du fjord, le vacarme que faisaient les glaces dérivantes, qui venaient du nord pour aller vers le sud, réveilla le phoque. Il dit au revoir à l'Iceberg :

« "Fais bien attention à toi, lui recommandat-il, et souviens-toi de ce qu'a dit ta mère sur les points cardinaux.

« — Oui, je m'en souviendrai, répondit l'Iceberg, mais il faut d'abord que j'essaie de comprendre ce qu'elle voulait dire.

« — Réfléchis bien, mais fais-le avant qu'il ne soit trop tard, dit le jeune phoque.

« — Bon, maintenant je vais rejoindre mes frères et sœurs. (L'Iceberg se tourna alors dans le courant et regarda sa famille.) Mais tu sais toujours où me trouver si tu as besoin de compagnie.

« — Ne va pas trop loin vers le sud !" répéta le phoque, qui sauta à l'eau, plongea vers le fond et disparut.

« Il y avait énormément de circulation autour de l'Iceberg. La glace le long des côtes s'était détachée et avait commencé son long voyage vers le sud. Mais même si cette glace était une lointaine parente de l'Iceberg, elle n'avait pas le moindre sentiment familial. Elle dérivait en grandes plaques qui se poussaient et se bousculaient pour avancer, sans tenir compte de l'Iceberg. Quand deux plaques se heurtaient, c'était une grosse bataille. Elles se dressaient l'une contre l'autre dans un bruit terrible et les autres plaques s'attroupaient pour voir ce qui se passait. À la fin, les deux combattantes se brisaient le plus souvent puis retombaient dans l'eau avec un grand *splash*. "Bien fait pour elles ! pensa l'Iceberg. Quelles chipies !" Il tendit le cou pour regarder autour de lui, mais il n'arrivait plus à voir ses frères et sœurs.

« "Le sud, ça doit être dans cette direction, pensa-t-il, donc il ne faut pas que j'aille par là."

« Avec beaucoup de peine, il réussit à se glisser entre deux minuscules îles toutes recouvertes de glace qui ressemblaient à deux perles nacrées et brillantes. Là, il était à l'abri et il décida d'y rester jusqu'à ce que toutes ces horribles plaques de glace soient passées.

« Mais cela prit beaucoup de temps. L'Iceberg dut attendre deux mois entiers avant que la ceinture de glace ne soit passée. Et deux mois, c'est long, surtout quand on a les pieds dans l'eau froide. Même pour un iceberg. Mais l'Iceberg ne se plaignait pas, il y avait quand même du bon dans ce séjour. Souvent il avait de petites conversations agréables avec les mouettes venues de la mer, qui s'installaient sur sa tête pour se reposer. Elles racontaient des choses bien étranges, ces mouettes, et sans doute tout n'était pas vrai, mais cela faisait passer le temps et c'était ce qui comptait.

« Quand les dernières plaques de glace furent passées, l'Iceberg s'aventura de nouveau dans le courant. Sa vieille amie la Marée l'aida cette fois encore, et elle apportait en plus des nouvelles du jeune phoque, qui allait être papa et était donc bien trop occupé pour venir rendre visite à l'Iceberg.

« Après avoir vogué avec le courant pendant deux sommeils, c'est-à-dire presque quatre jours, l'Iceberg eut une vision étrange. Sur la côte, entre les montagnes brunes, s'élevaient de minces spirales grises qui ressemblaient à un fin brouillard. Elles sortaient de sortes de pierres carrées, à moitié enfouies dans le sol.

« L'Iceberg héla un faucon blanc qui arrivait de la mer où il était allé pêcher.

« "Écoute, Faucon, peux-tu m'expliquer ce

brouillard bizarre là-bas près des pierres carrées ?”

« Le faucon se mit à rire et faillit en perdre le poisson qu'il tenait dans le bec. Il se posa sur l'Iceberg et déposa son poisson à côté de lui.

« “Grand bêta, va ! s'exclama-t-il. Ce n'est pas du brouillard ni des pierres, mais les maisons des hommes, et c'est de la fumée qui en sort.

« — Les maisons des hommes ? Qu'est-ce que c'est, des hommes ? demanda l'Iceberg. Pardon d'être si ignorant, mais je suis né cet été et je n'ai pas encore vu grand-chose.

« — Ah bon, dit le faucon. C'est vrai, j'ai été jeune moi aussi et il fallait tout m'expliquer.”

« Le faucon, qui était un oiseau intelligent et plein de connaissances, raconta à l'Iceberg tout ce qu'il savait sur les hommes. Il en savait beaucoup et tout n'était pas rose.

« “Ces hommes peuvent être dangereux pour les oiseaux, ajouta-t-il, mais à toi, je ne crois pas qu'ils peuvent faire du mal.

« — J'aimerais bien les voir d'un peu plus

près, dit l'Iceberg, c'est passionnant ce que tu m'as raconté sur eux.

« — Là où il y a des hommes, il se passe toujours des choses bizarres, répondit le faucon. Va donc les observer. Moi, je préfère faire un grand détour, je me méfie des petits garçons et de leurs lance-pierres."

« Et le faucon reprit son poisson dans le bec et s'envola loin des maisons.

« L'habitat des hommes était en effet vraiment bizarre. L'Iceberg entra dans la baie et s'approcha de la côte autant que ses grands pieds le lui permettaient. Heureusement, l'eau était profonde, et il put s'approcher si près, qu'il voyait à travers les fenêtres des maisons les plus proches.

« Pendant deux mois, il resta là à observer ce que faisaient les hommes. La Marée lui demandait parfois s'il ne voulait pas qu'elle l'emmène plus loin mais l'Iceberg n'arrivait pas à se décider à repartir. C'était si fascinant qu'il ne voyait pas le temps passer.

« Puis arriva son oncle le Gel. Il vint souffler sur l'eau, et celle-ci gela immédiatement. C'était d'ailleurs bien agréable pour l'Iceberg, qui avait beaucoup transpiré tout l'été et perdu quelques kilos.

« "Merci, oncle Gel, dit-il, je me sens mieux maintenant.

« — De rien, grinça l'oncle. Mais maintenant, tu vas devoir rester là tout l'hiver et même une partie du printemps.

« — Aucune importance, je ne me lasse pas de regarder les hommes et leurs animaux.

« — Tant mieux, tant mieux."

« L'oncle Gel souffla encore un peu autour de l'Iceberg pour qu'il soit bien arrimé. Il souffla si fort que les vaguelettes qui clapotaient autour des pieds de l'Iceberg gelèrent et se figèrent dans leur mouvement.

« L'Iceberg ne transpirait plus, mais il mincit quand même cet hiver-là. Les hommes, ravis d'avoir ce grand voisin paisible tout près de chez eux, venaient avec leurs traîneaux et leurs chiens pour découper de la glace qu'ils fourraient dans leurs marmites – comme vous le savez, c'est la seule façon d'avoir de l'eau douce en hiver. L'Iceberg trouvait très amusant de pouvoir les aider un peu et il riait chaque fois que les hommes le taillaient avec leurs haches et leurs marteaux à glace, tellement ça le chatouillait.

« Ce fut un hiver délicieux. Long, froid et très divertissant. L'Iceberg n'avait presque pas le temps de dormir tant il y avait de choses à voir. Et il fallait aussi qu'il réfléchisse aux mots de sa mère. Tout l'hiver, il pensa aux points cardinaux et finalement il crut savoir où ils se trouvaient.

« “Oh là là, mais alors je suis sur la mauvaise voie ! pensa-t-il. Il faut que je remonte vers le nord, mais comment faire ?”

« Il posa la question à son père, Nerkajak, qui soufflait tout l'hiver. Et le grand vent du nord répondit :

« “Vers le nord ? Non, mon fils, tu n'iras plus jamais par là. Reste dans les fjords, comme ça tu auras une longue vie. Et un jour, tu auras envie d'aller vers le sud, lassé de voir passer les jours.”

« L'Iceberg ne comprit pas bien ce qu'avait voulu dire son père. Comment pouvait-on se lasser de ces jours merveilleux ? Quand le vent du nord repassa, il lui demanda ce qu'il voulait dire par "lassé de voir passer les jours".

« "On s'en va vers le sud pour mourir, expliqua le vent, parce qu'on a envie de dormir. Mourir, c'est dormir pour ne plus se réveiller. Tu fonds et tu disparais.

« — Ça t'arrivera, à toi aussi ? demanda l'Iceberg.

« — Moi, je ne pourrai jamais dormir, rugit le vent, et c'est bien triste. J'ai soufflé pendant des milliers d'années et il me faudra certainement souffler pendant des milliers d'années encore."

« Le printemps arriva et, avec le printemps, la chaleur. Aussi étrange que cela paraisse, la Chaleur, enfant du Soleil, est aussi une parente très éloignée du froid, et donc de l'Iceberg. Elle vint se couler autour de lui et le fit transpirer de nouveau.

« "Réveille-toi, petit cousin ! chuchota la Chaleur. C'est le printemps, il faut que tu poursuives ton voyage."

« L'Iceberg se secoua, décrocha ses pieds du

fond et se mit à remonter le fjord, comme le lui avait conseillé son père. Il vit beaucoup de jolis paysages et chaque fois qu'il passait devant une vallée de coquelicots, il pensait aux rouges vallées de son enfance et pleurait des larmes nostalgiques. Il devint l'ami des animaux du fjord et apprit d'eux où se trouvaient les écueils dangereux. L'été fut aussi une saison merveilleuse et il se mit à aimer tellement ce fjord qu'il décida d'y rester pendant de nombreuses années.

« C'est ainsi que les hommes de l'habitat reçurent année après année la visite du même grand iceberg et, évidemment, ils en firent toute une histoire. Ils ne pouvaient pas s'imaginer que l'Iceberg s'était installé là parce qu'il aimait le fjord. Les hommes crurent l'Iceberg ensorcelé et peu à peu ils n'osèrent même plus aller y tailler de la glace ; oui, en fait ils osaient à peine s'en approcher avec leurs traîneaux et leurs chiens. L'Iceberg dut donner raison au faucon : ces hommes étaient vraiment de drôles de créatures pour inventer ainsi toutes ces histoires à partir de rien du tout.

« Mais il arriva une année où l'Iceberg – qui était maintenant devenu âgé, bossu et presque noir de vieillesse – décida d'entreprendre le grand voyage vers le sud pour fondre et disparaître. Et la Marée se transforma en marée d'équinoxe, cette fois davantage pour rendre hommage au vieil Iceberg que par nécessité, et l'emmena hors du fjord.

« L'Iceberg vogua vers le sud et, au bout de quelques années, il sentit qu'il était en train de se dissoudre. Il avait rétréci, il était à présent à peine plus grand que les maisons des hommes ; ces maisons qu'un jour, il y a très longtemps, il avait pris pour des pierres carrées.

« Un matin, un violent vent chaud du sud vint le rejoindre :

« "Hou, hou ! hurla le vent. C'est tout à fait nouveau de voir un iceberg par ici. Hou, hou ! Que fais-tu ici dans la chaleur, mon vieux ?

« — J'aimerais tant me dissoudre et disparaître... répondit poliment l'Iceberg. Je suis si vieux et si fatigué que j'aimerais avoir le droit de dormir de mon grand sommeil.

« — Ah, bon. Oui, ça se comprend."

« Le vent tourna autour de lui et l'observa sous tous les angles.

« "D'ailleurs, il ne te reste pas beaucoup de glace, dit le vent, combien t'en reste-t-il sous l'eau ?

« — Neuf fois ce qui dépasse, répondit honnêtement l'Iceberg.

« — Alors, ça ira, je pense. (Le vent dansait juste au-dessus de la tête de l'Iceberg.) Si tu veux, je vais t'aider, hurla-t-il. (C'était un drôle de vent, qui ne parlait pas comme les autres vents.)

« — Tu es vraiment très aimable, dit l'Iceberg en s'inclinant si profondément que l'eau lui passa au-dessus de la tête.

« — Je m'appelle Betsy, hurla le vent, et je suis de la famille des typhons, originaires des Antilles.

« — Je ne sais rien de tout ça, répondit l'Iceberg. Je ne connais que Nerkajak, qui est mon père, et je ne sais même pas où se trouvent les Antilles.

« — Hou, hou ! Tu es un drôle de bonhomme, toi ! Les Antilles, c'est un endroit merveilleux, où il fait si chaud que les hommes n'ont même pas besoin de mettre des vêtements.

« — Ça alors ! (L'Iceberg était très impressionné puisqu'il n'avait vu des hommes que dans le pays des Eskimos, où on portait toujours des vêtements.) Ça paraît bizarre. Mais ils portent quand même des vêtements en hiver, non ?

« — Pas du tout. Et s'ils en mettent, ce n'est pas parce qu'ils en ont besoin mais parce qu'ils trouvent ça joli. Les hommes sont très vaniteux, tu sais.

« — J'aimerais bien voir ce pays, soupira l'Iceberg, mais je suis trop vieux et je fondrai sans doute avant d'y arriver. »

« Le vent réfléchit un instant.

« "Écoute, mon vieux, ça peut peut-être s'arranger. Je vais te faire fondre, puis je demanderai à mon cousin le Soleil de briller sur toi de toutes ses forces. Alors tu deviendras vapeur et tu monteras très haut dans le ciel. Tu deviendras ce qu'on appelle un nuage et je demanderai à l'air de t'amener au-dessus des Antilles. Si tu aimes le coin, tu n'auras plus qu'à te laisser tomber en pluie."

« Le vent souffla de l'air chaud sur l'Iceberg, qui fondit et se transforma en eau. Puis le Soleil brilla sur lui et il devint vapeur, monta dans les airs et se changea en gros nuage blanc. Enfin, il fut porté par les flux d'air jusqu'aux Antilles, où aucun iceberg ne s'était jamais aventuré.

« L'Iceberg, maintenant devenu nuage, vit que Betsy avait dit vrai. Les enfants des Antilles couraient nus et les adultes ne portaient des vêtements que parce qu'ils trouvaient que ça se faisait. Le Nuage vit aussi de longs fleuves traversant les pays, des crocodiles, des alligators et de vastes champs et forêts qui, vus d'en haut, ressemblaient à un grand tapis de couleurs.

« Un jour, le Nuage vit un champ tout rouge et il crut que c'étaient des coquelicots. En réalité, il s'agissait de grandes fleurs tropicales très épanouies, pas du tout aussi délicates et fines que les coquelicots du pays des Eskimos. Mais le Nuage ressentit le mal du pays et il demanda à l'Air s'il n'était pas possible de revenir dans le nord.

« L'Air parla à la famille Typhon et comme celle-ci voulait bien rendre ce service à ce nuage si discret et gentil, on décida qu'un de leurs nombreux enfants tumultueux raccompagnerait le Nuage vers le nord.

« Et ce fut le retour vers le nord, cette fois à une allure folle. En quelques semaines, le Nuage se retrouva à la pointe sud du grand et beau pays où il était né sous la forme d'un iceberg, et il vit d'en haut sa mère, l'indlandsis. Il en fut si ému qu'il ne put s'empêcher de pleurer un peu, et les hommes qui vivaient là s'étonnèrent qu'il commence soudain à pleuvoir en plein hiver. Le Typhon abandonna le nuage au-dessus de l'Immense Glace et revint en trombe vers les pays chauds.

« Le Nuage vogua vers le nord. Arrivé à la pointe nord du pays, il se laissa tomber en neige. Les grands flocons blancs tombèrent lentement et doucement, et vinrent se déposer sur l'Immense Glace. »

Umimak sortit un petit sac de bonbons.

« Et c'est ainsi qu'après une longue vie passionnante, l'Iceberg revint des pays chauds pour se fondre avec sa mère, l'indlandsis. »

Il distribua les bonbons aux enfants.

« Et maintenant, nous allons sucer un petit bonbon pendant que nous pensons à cette histoire. »

# 4

L'année que passa dans l'habitat le scientifique barbu, Umimak, fut une année terrible. Tout l'automne et presque tout l'hiver, le vent souffla en tempête. Il était presque impossible pour le père de Pani et pour les autres chasseurs d'aller à la chasse. Et quand le printemps arriva, il ne leur restait presque plus de viande. La lumière et la chaleur revinrent, les grandes tempêtes cessèrent, mais les chasseurs ne trouvaient pas d'animaux. Ceux-ci se tenaient éloignés de l'habitat et les gens continuèrent à souffrir de la faim.

Umimak faisait ce qu'il pouvait pour les aider. Il leur distribuait la nourriture qu'il avait apportée du Sud et qui était prévue pour une année entière. Mais il y avait beaucoup de gens affamés dans l'habitat, ses provisions n'étaient prévues que pour un seul homme et elles ne durèrent pas longtemps. Quand elles furent terminées, Umimak aussi commença à avoir faim, à maigrir et à s'affaiblir comme les autres. Il continuait quand même à surveiller ses étranges instruments qui pouvaient mesurer la vitesse du vent et la hauteur des nuages. De temps en temps, il rassemblait les enfants devant sa maison, leur servait du thé léger qu'il avait gardé pour ces occasions et leur racontait des histoires fascinantes. C'étaient des histoires tellement passionnantes que les enfants oubliaient pendant quelques heures combien leurs ventres étaient creux.

Une nuit où Pani était couchée entre ses

frères et sœurs, elle vit que le petit Nukat avait mis ses doigts dans sa bouche. « Il a tellement faim qu'il a commencé à se manger lui-même », pensa-t-elle. Lorsque enfin elle s'endormit, elle eut l'impression de ne pas dormir vraiment. Elle sentit quelque chose, comme une grande main, qui l'arrachait du lit et la déposait sur le sol. Puis elle entendit une voix, une voix terrible qui était comme le grondement du vent ou de la mer. Cette voix lui criait :

« Pani ! Pani ! Il faut que tu ailles trouver la Mère de la Mer et que tu lui demandes de relâcher les animaux marins. Il faut que tu adoucisses sa colère pour que vous ayez de nouveau à manger. »

La voix répéta cela jusqu'à ce que Pani se réveille. Elle s'assit et regarda par la petite fenêtre de la pièce.

« Il faut que j'aille trouver la Mère de la Mer et que je lui demande de relâcher les animaux marins pour que nous ayons de nouveau à manger, dit-elle. Mais où est la Mère de la Mer ? »

Elle descendit du lit et sortit de la maison.

Dehors, elle s'assit et posa le menton sur ses genoux relevés.

« Seul Jobi, qui est un grand sorcier, peut trouver la Mère de la Mer, pensa-t-elle. Mais il est mort et Ningiok ne veut pas faire le voyage. »

Elle essaya de se souvenir de tout ce que Ningiok lui avait raconté le jour où elle lui avait rendu visite avec son petit frère et pensa à tout ce qu'elle avait entendu dire sur la Mère de la Mer.

« Comment vais-je la trouver, alors que je ne sais pas passer à travers les montagnes et que je ne suis jamais allée sur la Lune ? Je ne connais même pas Tornarssuk, le grand esprit-assistant. La seule chose que je sais faire, c'est parler aux animaux. Peut-être que je pourrais le leur demander ? Peut-être que les animaux pourront me dire où la trouver ? En tout cas, il faut que j'essaie de faire ce que m'a demandé la voix de vent et de mer. »

Pani se releva, se glissa silencieusement dans l'entrée et prit le couteau de Merqgat, son lance-pierres et son harpon. Sans réveiller personne, elle quitta la maison et descendit le flanc de la montagne vers la mer. Près de la grève, la glace formait de gros amas. Elle les franchit adroitement puis s'avança sur la mer gelée. La glace tanguait sous ses pas et Pani pensa que c'était comme de marcher sur la poitrine d'un géant endormi. Mais elle n'avait pas peur, parce qu'elle savait que la glace était assez épaisse pour la porter.

Pani se dirigea vers le bord de la glace, qui était encore très loin, là où l'eau de la mer était libre. Elle espérait trouver en chemin quelqu'un qui pourrait lui dire où habitait la Mère de la Mer. Elle marcha toute la journée. D'abord avec le soleil sur le visage, puis avec le soleil dans le dos. Vers le soir, elle rencontra une mouette tridactyle qui s'appelait Taterak. Taterak était assise dans les longues raies dorées du soleil couchant et plissait ses yeux noirs. Pani s'avança vers elle et s'accroupit pour ne pas effrayer l'oiseau. Mais Taterak n'était pas du tout effrayée. C'était un oiseau sage qui avait beaucoup voyagé grâce à ses grandes ailes gris-blanc. Elle savait que les hommes n'aimaient pas sa chair et elle avait bien vu que la petite fille était inoffensive, même si elle avait un couteau, un lance-pierres et un harpon.

« *Cacadai !* cria-t-elle, car c'est ainsi que crient toutes les mouettes tridactyles quand elles saluent. *Cacadai !* Bonjour ! petite Pani, cria-t-elle, car elle connaissait son nom.

— Bonjour, Taterak », répondit poliment Pani.

Par précaution, elle avait caché ses armes derrière son dos. Puis Pani et la mouette restèrent un peu silencieuses, ne trouvant rien d'autre à se dire. Enfin Taterak, qui était une rusée, puisque en vérité elle savait très bien ce que cherchait Pani, demanda :

« Qu'est-ce qui peut bien amener une petite fille de l'habitat si loin sur la mer gelée ? C'est rare de voir des hommes par ici.

— Je cherche la Mère de la Mer, répondit Pani. Une voix de vent et de mer m'a dit d'aller la trouver et de lui demander qu'on puisse chasser de nouveau. Peut-être pourrais-tu m'aider ? »

Elle regarda avec espoir l'oiseau qui se balançait d'une patte sur l'autre tant il était difficile de se tenir pieds nus sur la glace.

« T'aider ? Peut-être que je peux t'aider, peut-être pas... Je ne peux pas te dire où habite la Mère de la Mer, parce que je ne le sais pas, mais comme tu es une petite fille courageuse qui a envie d'aider sa famille, je peux t'offrir une amulette de grande valeur. Sais-tu ce que c'est, une amulette ? »

Pani ne le savait pas et Taterak expliqua :

« Tu vois, c'est un objet qui va t'aider et te protéger. »

Elle leva une aile, fouilla dessous avec son grand bec jaune et en sortit une patte de lièvre toute desséchée et racornie.

« Ça, c'est une amulette, dit-elle fièrement. Accroche-la à un fil autour de ton cou, il vaut mieux la porter sur la poitrine. Et tu voyageras ainsi avec la rapidité du lièvre, et même plus. Si tu continues vers la mer, tu rencontreras ma cousine, qui est aussi une mouette, mais de la famille des pétrels. Elle pourra peut-être t'aider aussi. »

Taterak cligna des yeux et poursuivit en riant :

« Et d'ailleurs, tu n'as pas besoin de cacher tes armes derrière ton dos, je n'ai absolument pas peur de toi. »

Pani rougit de honte. Elle remercia la mouette pour l'amulette et se leva.

« *Kujanak* », dit-elle, ce qui veut dire merci dans sa langue.

Elle accrocha la patte de lièvre autour de son cou et poursuivit son voyage vers la mer. Après avoir marché un peu, elle se retourna et fit un signe de la main à Taterak. Celle-ci avait volé au sommet d'une grande plaque de glace pour voir plus loin. Elle la salua de son aile et cria :

« *Cacadai ! Cacadai !* Bonne chance, bonne chance ! »

# 5

Lorsque Pani se remit à marcher, il arriva quelque chose de très étrange. Alors qu'elles étaient fatiguées et lourdes comme des pierres, ses jambes devinrent toutes légères, et ce fut soudain comme si elles ne touchaient plus qu'à peine la glace. Elle avait l'impression de voler, de ne faire aucun effort pour avancer. À peine remuait-elle les jambes que les plaques de glace défilaient à grande allure. Elles semblaient toutes floues à cause de la vitesse. Avant même de s'en rendre compte, Pani se trouva devant la mer – le voyage aurait duré toute la nuit sans l'amulette.

« Eh bien, ce n'était sûrement pas une patte de lièvre ordinaire que Taterak m'a donnée, pensa-t-elle. Je cours plus vite que le plus rapide des lièvres ! »

Pani ne pouvait évidemment pas savoir que l'aimable Taterak avait fixé quelques petites plumes d'un canard ensorcelé, appelé Alken, entre les coussinets de la patte, ce qui faisait que Pani volait plus qu'elle ne courait. Pani retira l'amulette de son cou et la mit dans la poche de son anorak, car elle voulait rester près du bord de la glace. Elle se remit à marcher normalement et ne put s'empêcher de rire : ça allait à présent si lentement ! Mais peu après, la fatigue et la faim revinrent. La faim logeait dans son ventre comme un cruel animal qui aurait rongé ses entrailles. Elle s'assit sur la glace et se tint le ventre des deux mains. Soudain, une grande ombre passa au-dessus d'elle et, effrayée, Pani regarda vers le haut. C'était une femelle pétrel qui tournait au-dessus de sa tête dans les dernières lumières de la nuit.

« Qu'est-ce que tu as à rire comme ça ? » grogna la cousine de Taterak, car les pétrels grognent toujours, même quand ils veulent être aimables.

« Je ne ris pas du tout, répondit Pani.

— Alors pourquoi te tiens-tu le ventre comme ça ? demanda l'oiseau.

— Parce que j'ai tellement faim que ça me fait mal !

— Grrr, grrr, il y a des remèdes pour ça, gronda la femelle pétrel tout doucement. Mon nom est Kakugdluk. Et je vais te pondre quelques œufs que tu pourras manger. »

Kakugdluk se posa à côté de Pani et s'efforça de pondre.

« Ne me regarde pas, s'il te plaît, bougonna-t-elle, c'est difficile de pondre quand on a des spectateurs. »

Pani détourna la tête – ce qui facilita bien les choses pour l'oiseau.

« Gruuur, gruuur ! gémit-elle avec effort. Ah, le voilà ! (Elle se souleva un peu, sous elle il y avait un grand œuf tacheté.) Tiens, mange. J'en ai encore en réserve. »

Pani perça un trou à chaque bout de l'œuf avec son couteau et en aspira avidement le contenu. Ah, c'était trop bon ! Meilleur que toutes les friandises du monde, meilleur même que les petits bouts de graisse qu'elle adorait. Elle sentit son corps commencer à ronronner, à picoter de bien-être, et elle tourna avec reconnaissance la tête vers Kakugdluk qui avait, entre-temps, pondu un autre œuf.

« C'est le premier que je mange depuis des jours et des jours, dit-elle. Tu es vraiment bonne pour moi. Jamais je n'ai goûté un œuf aussi délicieux.

— Je m'en doute, dit Kakugdluk en hochant la tête. Ce sont de très bons œufs. On n'en trouve pas de meilleurs dans cette partie du pays. Mais sers-toi, je t'en prie, tu as l'air d'en avoir besoin. »

Pani prit le deuxième œuf et le goba. Kakugdluk continuait son bavardage :

« Il ne faut pas croire que ce sont des œufs tout à fait ordinaires que je ponds, dit-elle. Je dois te dire que j'ai appris à les pondre dans le pays des Gens Heureux, car j'ai été leur hôte pendant toute une année. Est-ce que tu en veux encore ? »

Pani dit non merci et l'oiseau poursuivit :

« Non, tu as tout à fait raison. Il ne faut pas trop manger quand on a eu faim pendant longtemps. Et on voit bien que ça fait longtemps que tu as eu ton dernier repas. »

Pani lui parla de son habitat et de sa famille. Elle lui raconta qu'elle cherchait la Mère de la Mer pour tenter d'adoucir sa colère et lui demander de libérer les animaux marins.

« Très bien, très bien, dit Kakugdluk en remuant la tête et en remontant une patte sous ses plumes chaudes, car, comme sa cousine Taterak, elle avait du mal à supporter le froid aux pattes. Très bien, mais c'est une longue marche pour une petite fille comme toi. Chacun sait qu'il faut être un grand sorcier pour trouver la Mère de la Mer et tu n'as vraiment pas l'air d'un sorcier.

— Je ne suis qu'une petite fille ordinaire, répondit Pani. Mais une voix de vent et de mer m'a dit de partir à sa recherche. Si je ne lui parle pas, tous les gens de l'habitat vont mourir de faim.

— Aïe, aïe, aïe ! Ce ne serait pas bien, ça. (Kakugdluk cligna d'un œil et grogna.) Alors, il vaut mieux que je t'aide un peu. »

Pani se sentait très bien après avoir mangé les deux œufs. Elle avait retrouvé des forces et avait l'impression d'avoir tant d'énergie qu'elle aurait pu briser des montagnes de ses poings nus ou soulever un grand morse, si seulement ses bras avaient été assez longs pour en faire le tour... Comme ces œufs l'avaient rendue vigoureuse ! Elle le dit à Kakugdluk.

« Certes oui, mes œufs donnent de la force, répondit-elle. Comme je viens de te le dire, ce ne sont pas des œufs tout à fait ordinaires que je ponds. Ce sont des œufs qu'on appelle des œufs-force et qu'on apprend à pondre au pays des Gens Heureux. J'ai appris cet art du plus vieux des pétrels, qui était si vieux qu'il se souvenait du temps où ce pays de neige et de glace était couvert de grandes forêts.

— C’est quoi, des “forêts” ? demanda Pani qui n’avait jamais entendu ce mot étrange.

— Eh bien, vois-tu, les forêts, ce sont des milliers et des milliers de grandes plantes qu’on appelle des arbres, répondit Kakugdluk qui était un oiseau très intelligent.

— Et qu’est-ce que c’est des milliers ? demanda Pani qui ne savait compter que jusqu’à vingt, car elle comptait sur les doigts de ses mains et de ses pieds et n’en avait que vingt en tout.

— Des milliers et des milliers, c’est comme le nombre d’étoiles dans le ciel d’hiver, ou bien comme le nombre de plaques de glace d’ici jusqu’au bout du monde, répondit la femelle pétrel. Mais pour en revenir aux œufs-force, je vais t’en pondre un que tu pourras emporter en voyage. Il te protégera contre les animaux plus forts que toi. Si tu le manges, tu pourras faire face à un ours, à des morses, ou à tout autre animal que tu rencontreras. Mais il faut me promettre de bien réfléchir avant de le manger. En effet, il ne peut t’aider qu’une seule fois. Tourne la tête maintenant, je vais voir si je peux en pondre un tout de suite. »

Pani détourna la tête et dit :

« Prends tout ton temps, je ne suis pas pressée, maintenant que Taterak m'a donné la patte de lièvre.

— Oui... cette amu...lette, je la co... co... connais bien, haleta Kakugdluk. Elle appartenait à ma cousine Taterak. C'est le... go... goéland qui la lui a donnée. Oh, ça va être un œuf magnifique... Mais tu vas sûrement avoir bien besoin des deux, de la patte de lièvre et de l'œuf-force, si tu dois trouver la Mère de la Mer. Tiens, regarde. »

Elle se souleva un peu et Pani vit un œuf plus grand que tous ceux qu'elle avait vus jusque-là. Même Kakugdluk en était impressionnée.

« Je crois que c'est le plus bel œuf que j'aie jamais pondu, dit-elle avec fierté. Et on dirait que j'ai fait une coquille plus solide que celle des autres. Prends-le, et souviens-toi de ce que j'ai dit, il ne te donnera des forces immenses qu'une seule fois. »

Pani prit l'œuf et le contempla.

« Oh, comme il est beau ! Je ne sais pas du tout comment te remercier.

— Gruuuur, gronda Kakugdluk. Tu pourrais peut-être me gratter un peu la poitrine, là où j'ai du mal à le faire avec mon bec. Et, quand tu reviendras dans l'habitat, tu pourrais demander aux enfants de cesser de m'envoyer des pierres. Je ne leur fais aucun mal. »

Pani gratta la poitrine de Kakugdluk.

« Hmmm, comme c'est bon ! (Kakugdluk se tortillait de bonheur et bombait la poitrine vers Pani.) Et tu n'oublieras pas de parler aux enfants, n'est-ce pas ?

— Je te le promets. Et je leur raconterai que tu m'as aidée et que tu es mon amie », promit Pani.

Quand Kakugdluk ne put plus supporter d'être grattée, de peur de mourir de bien-être, comme elle dit, elle amena Pani devant un antre d'ours abandonné, où la fillette pourrait dormir en toute sécurité.

« Couche-toi là, dit-elle, j'ai vu maman ours et son petit quitter l'antre il y a quelques jours.

Ici, tu seras à l'abri du vent de la nuit et aucun animal malveillant ne te découvrira. »

Pani posa les bras autour du cou de l'oiseau, qu'elle s'était mise à aimer beaucoup, lui fit ses adieux et rentra dans l'antre creusé dans une grande congère de neige.

L'antre était spacieux, mais elle pouvait voir le creux où l'ourse avait été couchée avec son petit pendant le long sommeil de l'hiver. Elle se recroquevilla, rabaissa le capuchon de son anorak sur les yeux et s'endormit très vite.

# 6

Pani dormit bien et longtemps. Lorsqu'elle ouvrit les yeux, elle eut l'impression que l'antre était enchanté. Les parois scintillaient et étincelaient comme si pendant la nuit on les avait recouvertes de pierres précieuses, et des petits ruisseaux d'eau brillante y coulaient. L'entrée ressemblait à une porte éblouissante de soleil. Pani réfléchit longuement avant de sortir. La lumière du soleil était si forte et si brillante qu'elle ne voyait rien. Elle saisit fermement son harpon puis, d'un bond, elle franchit le trou lumineux. Mais à peine fut-elle sortie qu'elle reçut un coup sur la nuque. Complètement étourdie, elle roula sur la neige et le harpon vola de ses mains et glissa hors de sa portée. Elle mit un temps à se remettre de sa surprise. Puis elle se releva, à genoux, la tête bourdonnante. C'est alors qu'elle les vit. Deux ours blancs. Une vieille femelle et un grand ourson, pas plus grand que Nanok lorsqu'elle l'avait libéré. Les ours tendirent le museau pour la flairer et Pani se frotta la nuque, qui lui faisait encore un peu mal.

« Mais qu'est-ce que c'est que ces blagues ? marmonna-t-elle. Il n'y avait pas de raison de me frapper !

— On ne peut jamais savoir avec les hommes, grogna maman ourse d'une voix profonde. Et avoue que ma petite tape ne t'a pas fait grand-chose. Je n'avais pas l'intention de te faire mal. »

Pani regarda l'ourse et vit qu'elle lui souriait gentiment.

« J'ai connu un ours qui s'appelait Nanok, lui il ne me frappait jamais.

— Je connais bien Nanok, répondit maman ourse, et il m'a beaucoup parlé de toi. C'est pour ça que je ne voulais pas te faire de mal.

— Mais alors qu'est-ce que tu me veux ? demanda Pani.

— Je voulais te demander de défendre la cause des ours auprès de la Mère de la Mer. Taterak m'a raconté que tu la cherchais et je voulais donc parler un peu avec toi avant que tu ne poursuives ton voyage.

— Et qu'est-ce qu'il faut que je dise à la Mère de la Mer ?

— Tu serais gentille de lui dire que nous aussi, les ours, nous ne pouvons plus attraper d'animaux et que nous lui serions vraiment reconnaissants de les relâcher. Si tu veux bien faire cela, je pourrais peut-être te rendre un service. »

Pani se leva et alla chercher son harpon. Elle regarda l'ourson, qui était maigre et misérable.

« Si je trouve la Mère de la Mer, je le lui dirai, dit-elle. Mais raconte-moi comment va Nanok depuis que je l'ai vu. Ça fait presque un an maintenant... »

Maman ourse s'assit sur son large derrière et posa ses pattes avant sur son gros ventre.

« Nanok va bien. Il est en voyage très loin dans le Nord, sur l'immense mer où il n'y a que de la glace. Il m'a raconté qu'il partait pour aller chercher une femme.

— Il me manque souvent, dit Pani. C'était mon meilleur ami. »

Le jeune ours balança son long cou, flairant Pani.

« J'ai tellement faim, dit-il, pourquoi est-ce qu'on ne mange pas ce petit d'homme ? »

Maman ourse secoua la tête.

« Pas question ! Premièrement ce petit d'homme est une bonne amie de Nanok et deuxièmement tu n'es qu'un grand nigaud qui n'a jamais appris à réfléchir.

— Pas besoin de réfléchir pour comprendre que j'ai faim, murmura l'ourson.

— Oui, et tu continueras à avoir faim si nous mangeons cette petite fille, gronda sa mère. Pani est en route vers la Mère de la Mer et tu as très bien entendu qu'elle va défendre notre cause, si elle la trouve. »

Pani, qui avait écouté avec attention la conversation, dit :

« Je le ferai, si je ne meurs pas de faim en route.

— Mais il y a un remède à ça ! s'exclama maman ourse en riant bruyamment. Nous avons ici la patte arrière d'un renne éternel. On appelle ça une cuisse de renne, et cette cuisse est magique. Si tu en manges un bout, elle repousse immédiatement.

— C'est incroyable ! s'exclama Pani tout étonnée. Mais alors pourquoi est-ce que vous avez faim, puisque vous pouvez manger de cette cuisse ?

— Ce n'est pas si facile que ça, répondit l'ourse. Vois-tu, la cuisse ne repousse que pendant un mois pour chaque personne à qui elle appartient. C'est-à-dire que, quand on l'a possédée pendant un mois, elle devient comme de la pierre, jusqu'à ce qu'elle change de propriétaire. Alors il faut l'offrir à quelqu'un qui pourra en profiter à nouveau pendant un mois.

Nous, nous avons déjà dépassé le mois depuis longtemps et elle ne nous sert plus à rien. Maintenant, elle va être à toi. Mais souviens-toi que, au bout d'un mois, il faudra que tu l'offres à quelqu'un qui a faim.

— Si seulement je peux en manger pendant quelques jours, je me débrouillerai, dit Pani. Car je trouverai bientôt la Mère de la Mer. Mais dis-moi, qu'est-ce qu'un renne éternel ?

— Ce sont des rennes qui vivent sur la plaine, au nord des neiges éternelles, expliqua l'ourse. On les appelle des rennes éternels parce qu'il est impossible de les manger, on n'en vient jamais à bout. C'est un repas sans fin que je te donne, et cela te servira beaucoup.

— Je peux donc en manger jusqu'au prochain changement de lune ?

— Oui. C'est ce que nous avons fait nous aussi, mais maintenant ça fait longtemps que la cuisse est devenue comme pierre. »

L'ourse avait dit cela d'un ton très triste et Pani eut pitié d'elle.

« Je vais faire tout ce que je peux pour trouver la Mère de la Mer, dit-elle. Et je te promets de ne pas oublier de transmettre ton message. »

L'ourse posa sa lourde patte sur l'épaule de Pani et l'attira délicatement vers elle.

« Nous comptons sur toi », murmura-t-elle en serrant doucement Pani contre elle.

Et l'ourson, qui n'était ni méchant ni bougon, mais seulement affamé, lui donna aussi un baiser affectueux. Puis Pani poursuivit sa route avec la cuisse de renne éternel à la main. Elle marchait le long du bord de la glace, dans la direction qu'on a toujours appelée le Nord.

C'était une belle journée. Le ciel était sans nuages et de la même couleur bleue que les campanules qui poussaient le long du torrent près de l'habitat. À part un grand iceberg, immobile à côté du bord, la mer n'était pas prise par la glace.

« Un iceberg est neuf fois plus grand sous l'eau qu'en dessus, se souvint Pani en repensant à l'histoire qu'Umimak leur avait racontée sur l'iceberg qui était allé aux Antilles. Puisqu'il est si grand et qu'il a sûrement beaucoup voyagé, il sait peut-être où se trouve la Mère de la Mer. Je pourrais au moins le lui demander. »

Elle accrocha l'amulette autour de son cou et vola jusqu'à l'iceberg.

C'était un iceberg immense. Il possédait deux sommets élancés qui se dressaient droit vers le ciel. Entre les deux sommets, il y avait une petite plate-forme sur laquelle un phoque prenait le soleil.

« Ohé ! cria Pani au phoque. Réveille-toi !

— Qui... Qui est là ? demanda le phoque en dressant la tête et regardant paresseusement vers le bord de glace. Oh là, mais c'est un petit d'homme ! »

Il s'apprêta aussitôt à plonger dans l'eau.

« Non, attends un peu ! cria Pani en jetant son harpon sur la glace. Regarde, je n'ai pas d'armes et je ne veux pas te faire de mal. »

Le phoque la regarda avec méfiance de ses yeux bruns.

« Je crois bien qu'on ne peut jamais faire confiance aux hommes, dit-il. Mon père a été tué par des hommes, le père de mon père aussi, et son père avant lui. Tous ont été tués et mangés par des hommes.

— Mais moi, en tout cas, je ne te ferai rien, je veux juste te demander quelque chose. Sais-tu où habite la Mère de la Mer ?

— Dans la mer, bien sûr, répondit le phoque.

— Mais où dans la mer ? La mer est si grande... »

Le phoque la regarda intensément.

« Pourquoi veux-tu savoir ça, petit d'homme ?

— Parce que nous n'arrivons plus à chasser dans l'habitat et nous sommes tous en train de mourir de faim. Je veux demander à la Mère de la Mer de relâcher les animaux de la mer pour que nous puissions manger. »

Le phoque hocha la tête.

« Oui, c'est vrai. La vieille femme est fâchée depuis un certain temps et elle nous a interdit d'aller vers les côtes où il y a des hommes.

— Mais pourquoi est-elle fâchée ?

— Je crois que c'est parce que ses cheveux sont devenus terriblement sales, réfléchit le phoque. C'est une très vieille dame, tu sais, et elle a peut-être du mal à lever les bras assez haut pour les peigner elle-même. Sans doute les hommes ont-ils encore été particulièrement bêtes.

— Si je la trouve, je peignerai ses cheveux pour qu'ils soient tout propres et brillants, dit Pani. Peux-tu me dire où elle habite ? »

Le phoque secoua sa petite tête ronde.

« Non, ça je ne le peux pas, et même si je le pouvais, je ne le ferais pas. Parce que si tu trouves la Mère de la Mer et que tu peignes ses cheveux, elle nous relâchera et les hommes recommenceront à nous chasser. »

Pani comprit parfaitement pourquoi le phoque ne voulait rien dire.

« Peut-être pourrais-je demander à l'iceberg ? Avec ses grands pieds, il plonge profondément dans l'eau et il est peut-être passé un jour au-dessus de la maison de la Mère de la Mer.

— L'iceberg vient du nord et il a vogué pendant quatre ans. Mais il ne comprend pas la langue que nous parlons, nous deux. Il ne parle que la langue des icebergs, et elle est difficile à apprendre. Mais je vais essayer de traduire ce que tu veux lui dire.

— Merci, petit phoque. Essaie de lui demander s'il sait où habite la Mère de la Mer. »

Le phoque posa la question à l'iceberg dans une langue qui parut bizarre aux oreilles de Pani. Ça grinçait et ça crissait dans la petite bouche du phoque et elle entendit l'iceberg répondre dans la même langue.

« Il dit, traduit le phoque, qu'ici il n'y a que des rochers sous l'eau. Et il pense qu'il n'a jamais navigué au-dessus de sa maison. Mais si tu en as envie, tu peux naviguer un peu avec lui et il étudiera le fond de l'eau là où nous passerons.

— Ça me plairait bien. (Pani jeta un coup d'œil interrogateur au phoque.) Si tu n'as pas peur d'être avec moi...

— Je ne crois pas que tu me feras du mal, dit le phoque. Et d'ailleurs ce serait bête de ta part de me tuer puisque la Mère de la Mer serait encore plus fâchée. Tu sais, je vais te dire, elle nous aime beaucoup, nous les petits phoques marbrés. »

Pani grimpa sur la plate-forme entre les deux sommets et l'iceberg s'arracha à la glace et sortit dans le courant. Par l'intermédiaire du phoque, Pani parlait avec l'iceberg, qui lui raconta beaucoup de choses passionnantes qu'il avait vues au cours de son voyage de quatre ans. Pani, elle, lui parla de l'iceberg d'Umimak et l'iceberg avec lequel elle naviguait trouva que c'était une très belle histoire. Il dit qu'il lui était arrivé à lui aussi de rester gelé devant un habitat des hommes et qu'il savait bien ce que ça faisait quand on taillait de la glace dans ses flancs. Quand il entendit que l'iceberg d'Umimak avait été jusqu'aux Antilles, il soupira, fasciné, et dit que, lui aussi, il aimerait aller aussi loin.

Ils naviguèrent pendant longtemps. Pani mangea de sa cuisse de renne éternel et elle proposa au phoque d'en manger aussi, mais il n'en voulait pas. Après avoir mangé, elle posa la cuisse sous sa tête comme coussin et s'endormit. Elle ne se réveilla que quand le vent se mit à souffler.

D'abord il y eut quelques gros coups de vents venus de la terre. Elle frotta ses yeux pleins de sommeil et vit une boule noire qui avançait à toute allure sur l'indlandsis. Elle sut tout de suite que c'était le vent qui s'appelait Piterak, un vent dont il faut se méfier. Il peut souffler si fort qu'il déplace les maisons, et elle se souvenait d'une fois où il avait emporté tous les séchoirs à viande jusque loin dans le fjord.

« Maintenant, il faut s'accrocher ! cria-t-elle au phoque. C'est Piterak qui arrive. »

Le phoque leva une tête ensommeillée et regarda vers la terre.

« Oh là là, aboya-t-il, effrayé, en voyant la boule noire. C'est pas bon, ça ! Il faut que je rentre. Il est interdit aux phoques de circuler dehors quand Piterak souffle. »

Il rampa jusqu'au bord de l'iceberg, tourna la tête et regarda Pani.

« Tu es une gentille petite fille et je te souhaite beaucoup de chance pour ton voyage. »

Puis le phoque se jeta à l'eau la tête la première et disparut. Piterak arriva immédiatement après. Il soufflait et sifflait autour des sommets de l'iceberg et l'eau fouettait ses faces abruptes. Pani sentit que l'iceberg perdait l'équilibre et se balançait de plus en plus dans l'eau démontée. Elle enfonça son couteau dans la glace pour ne pas glisser. Le vent se transforma en véritable ouragan, or l'ouragan est l'un des vents les plus violents qui existent. Très vite, Pani ne sut plus où était le haut et où était le bas, et l'iceberg n'en menait pas large non plus. De pur effroi, il se fendit au milieu et Pani dégringola de la plate-forme puis tomba dans l'eau vert-noir avec un grand *splash.* Là, ni l'amulette ni l'œuf-force ne pouvaient l'aider. La glace vrombissait et tonnait autour d'elle, quant à l'ouragan, il faisait lever des vagues plus hautes que la maison de son père.

« C'est fichu, pensa-t-elle terrifiée. Je vais me noyer. » Puis l'eau se referma au-dessus de sa tête et elle fut aspirée vers les profondeurs.

# 7

Pani était si étourdie par la tempête qu'elle sentit à peine un large dos qui se glissait sous elle. Sans bien savoir ce qu'elle faisait, elle s'agrippa à une longue dent torsadée et sentit qu'elle remontait. Elle fut alors emportée à grande vitesse et, en atteignant la surface, elle s'aperçut qu'elle se trouvait sur le dos d'un narval. Il bondit hors de l'eau, bien au-dessus de l'eau fouettée par le vent. Puis replongea aussitôt et poursuivit sa route sous la surface jusqu'à ce qu'il parvienne à l'endroit où commençait la banquise. Lorsqu'il accosta près d'une immense plaque de glace, Pani descendit de son dos et grimpa sur la glace. Toute tremblante de froid dans ses vêtements mouillés, elle se mit à genoux pour rendre l'eau salée qu'elle avait avalée.

Le narval disparut aussi soudainement qu'il avait surgi et Pani pensa qu'elle avait été sauvée par un bien étrange animal. Et elle avait raison. À peine avait-elle pensé ça qu'elle entendit une voix derrière elle :

« On apporte des vêtements à la petite voyageuse courageuse ! »

Pani se retourna et se trouva face à un chasseur très élégant, debout sur la glace.

« Qui es... es-tu ? D'où... où viens-tu ? » demanda-t-elle toujours toute grelottante de froid et serrant l'œuf-force entre ses doigts à en briser la coquille.

Le chasseur sourit et répondit :

« Je suis le narval qui t'a amenée ici. Mais le

narval n'était qu'un déguisement que j'ai pris pour te sauver.

— Tu me connais ? demanda Pani avec étonnement.

— Oui. Le petit phoque est venu me chercher parce qu'il pensait que tu allais tomber de l'iceberg, ce que tu as fait. Et comme je trouve que tu es une petite fille courageuse qui veut aider sa famille et son habitat, je voulais te venir en aide, moi aussi. Mais maintenant, mets ces vêtements avant de mourir de froid. »

Pani retira ses vêtements mouillés et enfila les vêtements que lui avait donnés le chasseur. Ils avaient de belles broderies en perles et des ornements de cuir. Jamais Pani n'en avait mis d'aussi beaux. Après s'être habillée, elle remercia l'homme-narval et lui demanda :

« Mais qui es-tu ?

— Je m'appelle Tornarssuk, répondit l'homme. Je connais l'Homme de la Lune et je peux passer à travers les plus hautes montagnes. Et comme tu l'as vu, je peux aussi me transformer en animal.

— J'ai entendu parler de toi. Ningiok m'a

raconté que tu étais le plus grand des esprits-assistants, répondit Pani. Elle m'a dit que tu étais le seul qui pouvait aider un homme à trouver la Mère de la Mer.

— C'est vrai. (Tornarssuk hocha la tête.) Et je vais t'aider, toi aussi. Mais il faut que tu te prépares à un long voyage dangereux, où il faudra que tu utilises toute ta tête et que tu agisses avec sagesse.

— Si tu veux bien m'aider, je la trouverai sûrement », dit Pani à présent ragaillardie. Elle était enfin en face de quelqu'un qui savait où habitait la Mère de la Mer. « J'ai déjà une amulette de lièvre et un œuf-force. Et j'ai aussi une cuisse de renne éternel, que m'a donnée l'ourse, et avec laquelle je peux me nourrir jusqu'au prochain changement de lune.

— Alors tu es drôlement bien équipée, s'exclama Tornarssuk en riant. Mais tu vas en avoir besoin, avant d'arriver au bout de ta route.

— Est-ce que tu vas vraiment m'aider ? » Pani regardait avec fascination cet homme élégant qui n'était donc pas un chasseur ordinaire, mais le plus grand des esprits-assistants. Sans son aide, personne ne pouvait arriver ni chez l'Homme de la Lune ni chez la Mère de la Mer.

« Oui, je vais t'aider, répondit Tornarssuk. Je vais voyager avec toi sans voyager avec toi. Je vais te transmettre certains de mes nombreux dons, et comme ça je serai toujours auprès de toi.

— Et quels sont ces dons ? demanda Pani avec curiosité.

— Tout d'abord, tu auras le don de passer à travers les montagnes. C'est un don très utile parce que, sans lui, tu ne pourrais jamais arriver jusqu'à la Mère de la Mer.

— Oh, merci beaucoup ! Ça c'est un don merveilleux !

— Deuxièmement, poursuivit Tornarssuk, tu auras le don de te transformer en narval. Tu pourras le faire aussi souvent que tu le voudras.

— Ça, c'est formidable ! dit Pani avec enthousiasme. Alors je pourrai voyager dans l'eau à toute vitesse !

— Oui. (Tornarssuk lui sourit gentiment.) Le dernier don que tu recevras, c'est celui de te voir toi-même.

— Mais je vois très bien ! dit Pani. Tous les chasseurs de mon habitat disent que j'ai des yeux d'aigle. »

Tornarssuk secoua la tête.

« Je ne parle pas de tes yeux. Je vais te munir d'autres yeux, des yeux qui te permettront de te voir toi-même, même à grande distance.

— Alors je te remercie aussi pour ce don », dit Pani, qui ne comprenait pourtant vraiment pas à quoi cela pouvait bien servir de se voir à distance.

Elle se sentait la plus heureuse des petites filles et trouvait qu'elle était parfaitement équipée pour continuer le voyage. Un œuf-force, une amulette, une cuisse de renne éternel (qu'elle portait accrochée à un fil autour de son poignet), et maintenant ces trois dons merveilleux. Celui de passer à travers les montagnes, celui de devenir narval et celui de se voir soi-même. Elle remercia mille fois Tornarssuk et ramassa ses affaires pour continuer sa route.

« D'abord, il faut que tu retournes sur la côte, lui expliqua Tornarssuk. Mais tu y arriveras aussi facilement qu'un narval. Ensuite, il faudra que tu passes à travers la montagne qu'on appelle la Montagne aux Mille Doigts parce qu'elle est percée de partout. Elle est facile à reconnaître, tu verras. Dans la montagne, il faudra faire attention au peuple de la montagne, mais ça tu le découvriras toi-même. Parmi les habitants de la montagne, il y a des bons et des mauvais, et tu rencontreras les deux. Quand tu auras traversé la montagne, tu devras franchir un ravin, puis un lac, puis encore une plaine, avant d'arriver à un fjord. Si tu arrives jusque-là, tu verras la Mère de la Mer, elle habite au fond de ce fjord. As-tu bien tout compris ?

— Je crois bien », dit Pani.

Et elle répéta tout ce qu'il lui avait expliqué.

« C'est très bien, tu as une bonne mémoire. »

Tornarssuk tapota la tête de la petite fille puis, d'un immense bond, il sauta dans la mer. Un instant plus tard, il resurgit, mais cette fois sous la forme d'un vieux morse avec une grande moustache ébouriffée et deux longues dents jaunes. Pani le salua joyeusement et le morse souffla en retour.

# 8

Pani fit un petit baluchon avec ses vêtements mouillés et ses autres affaires, coupa un bout de lanière de son anorak et accrocha le baluchon dans son dos. Elle se mit sur le bord de la glace et cria :

« Je souhaite prendre la forme du narval ! »

Puis elle sauta pieds joints dans l'eau, sans hésiter une seconde.

Aïe, aïe, aïe ! Comme c'était bizarre ! Toutes

ses articulations la tiraillaient et lui faisaient mal ; son corps bourdonnait comme s'il y avait mille abeilles à l'intérieur qui voulaient en sortir. Elle battit des bras et, immédiatement, son corps fila à grande vitesse dans l'eau.

« Je suis un narval ! Hourra, je suis un narval ! jubila-t-elle. Un vrai narval vivant ! »

De joie, elle donna un grand coup de queue qui faillit l'envoyer dans le socle d'une grande plaque de vieille glace noire.

« Ouah, comme je nage ! »

Elle plongea si profond que tout devint noir. En effet, la lumière du soleil ne parvenait pas si loin. Elle distinguait plein d'étranges petits poissons phosphorescents et, avec sa longue dent, elle en poussa délicatement un. Après avoir joué et essayé ses aptitudes à la nage pendant un temps, elle repensa à la Mère de la Mer et remonta à une profondeur moyenne. Puis elle mit le cap sur la Montagne aux Mille Doigts. Même si elle ne savait pas où se trouvait la montagne, la forme du narval lui donnait une intuition sûre de la direction dans laquelle elle devait nager. De temps en temps, elle remontait à la surface et regardait autour d'elle. Mais la terre n'était pas encore en vue. Alors elle replongeait et continuait dans la même direction. Parfois elle passait à côté d'autres narvals, qui se retournaient et lui criaient des choses. Mais elle était soudain trop pressée pour s'arrêter et échanger des politesses. Elle était un narval qui avait une mission très importante. Son baluchon flottait derrière elle et elle pensait avec reconnaissance aux talismans qu'il contenait.

Vers la fin de la journée, elle distingua des montagnes sur la côte. C'étaient comme de grandes ombres disparaissant au fond de l'eau, et elle remonta à la surface pour essayer de voir la Montagne aux Mille Doigts. Oui, elle était bien là.

Pani nagea jusqu'à la terre, cala son grand corps de narval entre deux pierres puis cria :

« Je souhaite reprendre la forme de Pani ! »

Immédiatement, elle redevint Pani. Elle se trouvait debout entre des tas de pierres tombées de la montagne et elle regarda son baluchon qui avait été accroché à une de ses nageoires de narval.

« C'est bizarre d'avoir reçu le don de changer de forme », pensa-t-elle.

Après avoir inspecté ses affaires, elle s'assit pour manger un peu de la cuisse de renne éternel. La longue nage lui avait donné faim et elle mordit avidement dans la viande qui ne tarissait jamais. « Ce serait merveilleux de rapporter une cuisse comme ça à l'habitat, songea-t-elle. Mais peut-être que ce serait trop facile pour les hommes s'ils avaient une cuisse éternelle... Ils n'iraient plus à la chasse, ils ne feraient plus rien, ils resteraient à la maison et deviendraient de plus en plus gros. Ils ne chasseraient plus de phoques et n'auraient plus de peaux pour les vêtements et les kamiks. Oui, c'est sûrement mieux que les animaux de mer reviennent et que la cuisse de renne éternel soit donnée à quelqu'un d'autre, à une personne qui a faim. »

Après avoir mangé, elle rassembla ses affaires, fourra la cuisse de renne dans le capuchon de son anorak pour avoir les deux mains libres et s'installa au pied de la Montagne aux

Mille Doigts. Elle regarda le versant abrupt et cria :

« Je souhaite passer à travers la montagne ! »

Puis elle fit un grand pas en avant, droit sur la montagne. Et il arriva cette chose étrange : le versant devint comme de l'air. Elle pouvait voir à travers la montagne, mais pas très loin, et tout était un peu flou. Elle ne sentait pas non plus le sol stable et dur sous ses kamiks. Là où elle marchait, le sol de la montagne devenait semblable à de l'air. Les couleurs étaient plus intenses que toutes celles qu'elle avait vues jusqu'à ce jour. Ce qui était brun devenait rouge, le bleu se transformait en flammes bondissantes, les rayures noires qui striaient la montagne étaient comme des rayons de lune sur la glace. Et le silence régnait. Si grand que les battements de son cœur ressemblaient à des battements de tambour. Des sons durs, qui vibraient, presque autant que ceux du tambour de Jobi quand il vivait encore et exécutait la danse du tambour. Pour ne pas perdre courage dans un monde si silencieux, Pani se mit à chanter une petite chanson qu'elle inventa sur-le-champ, comme les Eskimos ont l'habitude de le faire.

*Aja ! le passeur de montagne est en route,*
*un passeur de montagne ami de Tornarssuk,*
*Tornarssuk, le grand esprit à la forme de*
*[narval.*

*Aja ! le passeur de montagne Pani arrive.*
*Pani marche à travers la Montagne aux*
*[Mille Doigts.*
*Elle entre sans effort dans ce monde*
*[silencieux.*

*Aja ! le passeur de montagne Pani voit*
*à travers toute la montagne de couleurs*
*appelée par tous la Montagne aux...*

Elle en était là de sa chanson, quand elle entendit soudain un bruit inconnu. Des cris hauts et perçants, semblables à ceux des corbeaux noirs, transpercèrent le silence. Cela venait de quelque part sous ses pieds et Pani commença à descendre pour voir qui criait.

Très vite, elle fut prise dans un cercle de lumière. Toute la montagne autour d'elle commença à briller. Elle fut si effrayée qu'elle saisit l'œuf-force et le tendit devant elle. Alors la lumière diminua et ne brilla qu'à l'endroit où elle se tenait. C'était une lumière plus forte que celle du soleil et elle en était éblouie. Les cris devinrent si forts que Pani en eut mal aux oreilles, et ils étaient horribles. Puis le cercle de lumière dans lequel elle se trouvait commença à avancer et, même si elle n'en avait aucune envie, elle fut obligée de le suivre. La lumière l'entraîna de plus en plus bas dans la montagne. L'air devint plus chaud et elle transpirait dans les vêtements qu'elle avait reçus de Tornarssuk. Puis la lumière s'étendit de nouveau et elle vit plus loin ; elle découvrit qu'elle était dans une immense grotte souterraine sur les parois de laquelle il y avait de petits paliers où étaient assises d'étranges créatures. C'étaient elles qui criaient. Paralysée, Pani resta debout au milieu de la grotte et l'une des créatures étranges descendit de son palier et vint vers elle en boitillant.

Terrifiée, Pani recula d'un pas. Elle n'avait jamais vu pareil monstre. Il était presque indescriptible tellement il était abominable : il n'avait pas de vrai corps, pas de vraie tête. Son corps était comme une grosse tête ou bien sa tête comme un gros corps... Il n'avait qu'un seul œil, horriblement brillant, et au moins dix bras, tout le temps en mouvement. Mais le plus hideux, c'était quand même sa bouche. Elle était immense, avec plusieurs rangées de longues dents pointues, comme celles du requin.

« Ce sont les habitants des montagnes dont je devais me méfier, pensa-t-elle terrorisée. Comment vais-je m'en sortir ? J'espère qu'ils vont avoir peur de l'œuf-force. »

Elle-même avait très peur quand elle cria au monstre :

« Attention, monstre des montagnes, j'ai un œuf-force dans la main. Si je le mange, je deviendrai la plus forte du monde ! »

Le monstre rit si fort que toute la grotte en résonna. Puis, d'une voix qui ne ressemblait pas du tout aux cris qu'elle avait entendus avant, il dit :

« Bienvenue dans la montagne, petit d'homme, bienvenue à toi. »

Sa voix était si aimable que Pani baissa automatiquement la main qui tenait l'œuf.

« N'aie pas peur de nous, dit le monstre, nous sommes trop gentils pour faire du mal à qui que ce soit. On nous appelle aussi les "gentils habitants de la montagne". »

« Ce n'est sûrement pas vrai, pensa Pani. Comment peut-on être gentil quand on est aussi laid ? »

Le monstre, qui savait lire dans les pensées, répondit :

« Oui, tu as peut-être raison, nous sommes peut-être laids à tes yeux. »

Il écarta tous ses bras et sourit à Pani de toutes ses nombreuses dents.

« Tornarssuk m'a prévenue contre certains des habitants de la montagne, dit Pani. Il a précisé qu'il y en avait de bons et de mauvais et que je devais faire très attention, parce que les mauvais étaient très dangereux. »

Les bras du monstre s'affaissèrent un peu. Puis il déclara :

« Oui, c'est ce qu'a dit Tornarssuk. Mais il ne t'a sûrement pas expliqué que les habitants laids sont bons et que les beaux sont méchants. Est-ce qu'il t'a expliqué ça ?

— Non, il ne m'a rien dit de tel.

— Tu vois. Nous sommes sans doute très laids mais nous sommes aussi très gentils. C'est le peuple qui habite en dessous de nous auquel tu dois faire attention.

— Il y a des habitants de la montagne en dessous de vous ? demanda Pani toute surprise.

— Oui, bien sûr. C'est là qu'habitent les beaux habitants de la montagne. Mais ils sont vraiment méchants, ils prennent des prisonniers chez nous et ils les font travailler pour eux.

— C'est tout de même étrange, dit Pani, j'aurais vraiment cru que vous étiez les méchants, parce que vous n'avez pas l'air aimables du tout.

— Oui, les apparences sont trompeuses, répondit le vieux monstre des montagnes. En vérité, nous sommes sûrement beaucoup trop gentils. »

Pani se sentait de plus en plus convaincue que le monstre des montagnes disait vrai et elle fit un pas vers lui.

« Tu es vraiment laid, incroyablement laid », dit-elle d'un air étonné.

Et le monstre, qui savait qu'elle n'avait aucune intention d'être insolente, répondit :

« Terriblement laid. (Il poussa un profond soupir.) À tes yeux, je suis sûrement le plus horrible des êtres que tu as jamais rencontrés. Mais heureusement, nous ne voyons pas nous-mêmes combien nous sommes affreux. Au fond, nous nous trouvons assez beaux et bien faits, mais c'est peut-être parce que nous sommes très gentils.

— Sûrement, avoua Pani. Je pense aussi que tu es gentil. Excuse-moi d'avoir cru que vous étiez les méchants. Dis-moi, ils sont vraiment si beaux que ça ?

— Oui, je t'assure. Ils sont plus beaux que les plus beaux des hommes.

— C'est quand même bizarre, réfléchit Pani

à voix haute. Là où j'habite, on pense toujours que les gens affreux sont méchants et les gens beaux, gentils. Alors ici dans la montagne, c'est sûrement très différent, non ?

— Non, je ne crois pas. (Le monstre tortilla son corps puisqu'il n'avait pas de tête à secouer.) Mais nous apprenons à nos enfants que l'apparence ne joue aucun rôle et qu'on peut être très bon, même si on est affreux, et inversement. Je suis sûr que tu auras du mal à croire que les habitants d'en dessous sont méchants. Tous ceux qui les voient sont tellement fascinés qu'ils en oublient leur méchanceté.

— Je verrai bien, dit Pani. Il n'est même pas sûr que j'en rencontre puisque je n'ai pas l'intention de descendre plus bas encore dans la montagne.

— Tu ne pourras pas éviter de les voir, dit le monstre d'un air attristé. Aujourd'hui, ils montent chercher de nouveaux prisonniers pour les mettre au travail. C'est pour ça que nous pleurions tellement quand tu es entrée dans la montagne.

— Pourquoi ont-ils besoin d'autres gens pour travailler pour eux ? demanda Pani. Ils ne peuvent pas travailler eux-mêmes ?

— Ils sont très paresseux. Nous devons faire le travail qu'ils n'ont pas envie de faire, répondit le monstre.

— Mais pourquoi acceptez-vous ça ?

— Oh, nous sommes obligés. Nous n'aimons pas les conflits. Nous sommes beaucoup trop paisibles pour nous opposer à quelqu'un. Ç'a toujours été comme ça, en tout cas aussi loin que je m'en souvienne, et je suis aussi vieux que la Montagne aux Mille Doigts. »

Pani réfléchit longuement.

« Est-ce que vous aimez travailler pour les habitants d'en dessous ?

— Oh ! non. Nous avons une foule de choses à faire ici et nous n'avons jamais le temps de finir parce que nous devons travailler pour eux.

— Alors je vais essayer de vous aider, dit Pani d'un air décidé. S'ils sont vraiment paresseux et méchants, comme tu le dis, ils ne méritent pas que d'autres fassent leur travail. »

Les autres monstres descendirent alors de leurs paliers sur la paroi et firent cercle autour de Pani. Pendant plusieurs heures, ils restèrent assis à parler, et Pani découvrit que les monstres étaient infiniment gentils et que, même s'ils avaient été exploités pendant des années par le peuple d'en dessous, ils étaient à la fois drôles et divertissants.

Soudain, les envoyés des habitants d'en dessous s'annoncèrent. Les montres, effrayés, remontèrent sur leurs paliers dans le rocher, où ils s'assirent en gémissant pitoyablement. Seuls Pani et le vieux monstre des montagnes restèrent au milieu de la grotte.

Quelle vision merveilleuse que ces habitants d'en dessous ! Ils étaient constitués exactement comme des hommes et rayonnaient de toutes sortes de couleurs qui changeaient dès qu'ils bougeaient. Ils avaient de vrais corps, avec des bras et des jambes, et de beaux visages encadrés de longs cheveux dorés. Leurs yeux étaient brillants, d'un bleu éclatant, et on ne pouvait s'empêcher de se sentir joyeux et réjoui lorsqu'on les rencontrait.

Le vieux monstre des montagnes, qui surveillait Pani, chuchota tristement :

« Eh oui, hélas, ça arrive à tout le monde. Ils sont beaucoup trop beaux pour qu'on puisse les croire méchants. »

Pani entendit son chuchotement et tout à coup elle pensa au troisième cadeau de Tornarssuk, le don de se voir soi-même. Elle dit immédiatement :

« Je souhaite me voir moi-même ! »

Et soudain, voilà qu'elle se tenait à distance de son propre corps et se voyait elle-même, entourée des beaux envoyés et du monstre des montagnes. Elle scruta ses propres yeux et vit qu'ils brillaient de fascination en regardant les beaux envoyés. Elle vit aussi un des envoyés s'incliner devant son corps et elle l'entendit dire :

« Belle fille de grand chasseur, c'est une immense joie pour nous de te recevoir ici dans la Montagne aux Mille Doigts. Mais nous sommes désolés que tu aies rencontré d'abord ces affreux monstres des montagnes. »

« Des monstres ! Je vais lui en faire voir des monstres ! pensa Pani. Il vaut mieux être affreux à l'extérieur qu'à l'intérieur. »

L'envoyé poursuivit :

« Nous sommes venus chercher quelques-unes de ces horribles créatures paresseuses. Nous avons besoin d'aide dans le royaume d'en dessous et nous avons toujours trouvé ici des forces de travail. »

Alors l'invisible Pani répondit par l'intermédiaire de son corps :

« Ah oui ! Mais à partir d'aujourd'hui, c'est fini ! J'ai un œuf-force dans la main et si je l'avale, je deviendrai si forte que je pourrai tous vous tuer. »

Les envoyés tremblèrent de rage. Leurs beaux visages devinrent tout noirs de colère et la voix de leur meneur vibra de fureur quand il répondit :

« Comment un petit d'homme pourrait-il s'opposer au peuple qui règne sur les montagnes ? Ton œuf ne peut tuer qu'un seul d'entre nous, et ensuite nous te tuerons ou te ferons prisonnière.

— Approche-toi si tu l'oses ! cria Pani. (Elle leva la main qui tenait l'œuf.) Qui ose s'approcher ? » cria-t-elle d'un ton de défi.

Mais aucun des habitants d'en dessous ne bougea. Ils étaient beaucoup trop lâches et aucun d'entre eux ne voulait se sacrifier. Peu après, le plus intelligent d'entre eux prit la parole :

« Bon. Si la fille du grand chasseur le veut, nous allons bien sûr nous retirer. Il n'arrivera rien aux horreurs cette fois-ci.

— Mais il n'y aura pas d'autre fois ! cria Pani. Je vais procurer un œuf-force à chacun de ces bons habitants des montagnes. À l'avenir, pour devriez rester dans votre royaume d'en dessous et vous débrouiller tout seuls avec votre travail ! »

Pani fit avancer son corps de quelques pas vers les habitants du dessous afin qu'ils voient bien l'œuf-force.

« Et si vous ne relâchez pas immédiatement les monstres des montagnes que vous avez faits prisonniers, nous allons venir les chercher chacun notre œuf à la main ! » cria-t-elle encore.

Les envoyés furent effrayés par les mots de Pani. Jamais personne auparavant ne s'était opposé à eux, tant ils avaient l'air gentils et beaux. Sur les paliers de la grotte, un terrible remue-ménage se fit entendre et les beaux habitants des montagnes regardèrent avec effroi autour d'eux. Le plus sage d'entre eux s'inclina devant le corps de Pani et, sans un mot, mais toujours en s'inclinant, les beaux envoyés se retirèrent à reculons. Les monstres des montagnes grondèrent et lancèrent leurs horribles cris et c'est soudain à toute allure que les envoyés regagnèrent leur royaume.

Le vieux monstre étreignit Pani de tous ses longs bras en pleurant de joie.

« Il est temps que je revienne dans mon corps », pensa Pani, et elle cria :

« Je souhaite revenir tout de suite dans mon corps !

À l'instant même, Pani revint dans son corps. Elle sentit sur elle tous les vieux bras, et les larmes de joie du monstre inondèrent ses vêtements coulant jusque dans ses kamiks. Tous les monstres dansaient autour du vieux et de Pani, ivres du bonheur de ne plus devoir être maltraités par les habitants d'en dessous. Leur reconnaissance était infinie.

Plus tard dans la soirée, les prisonniers libérés remontèrent des profondeurs et on fit une grande fête. Pani fut nommée citoyenne d'honneur des monstres des montagnes, ce qui était une distinction très flatteuse. À cette occasion, le vieux monstre lui accrocha au cou un beau cristal de roche et lui dit :

« Ce cristal de roche, nous l'avons caché pendant mille ans car nous avions peur que les méchants nous le volent. Maintenant il est à toi parce que tu as été très courageuse et que tu nous a beaucoup aidés. » Il frotta le cristal contre un de ses bras velus. « Ce cristal te protégera toujours contre les pierres. »

Pani le remercia infiniment, même si elle ne comprenait pas trop pourquoi elle devait être protégée contre les pierres. Elle avait déjà reçu le don de passer à travers les montagnes, les pierres ne pouvaient donc pas constituer un danger pour elle. Mais elle remercia avec émotion parce qu'elle trouvait que l'idée était belle et elle comprenait que le cristal avait beaucoup de valeur pour les affreux monstres des montagnes. Elle contempla avec joie le cadeau qui étincelait à son cou.

« Maintenant, il faut que je poursuive ma route, dit-elle à ses nouveaux amis. Je dois aller chez la Mère de la Mer et pour ça, il faut que je traverse un ravin, un lac et une plaine avant d'arriver au fjord.

— Ouh là ! Ça paraît bien loin, frémit le vieux monstre. Mais je peux au moins t'indiquer le chemin jusqu'au ravin. Il faut que tu traverses la montagne à l'endroit où la lumière devient rouge et que tu continues à suivre cette lumière. Et tu arriveras au ravin qu'on appelle le Ravin des Morts. »

Pani fit des adieux chaleureux au gentil peuple de la montagne et poursuivit son chemin en suivant la lumière rouge.

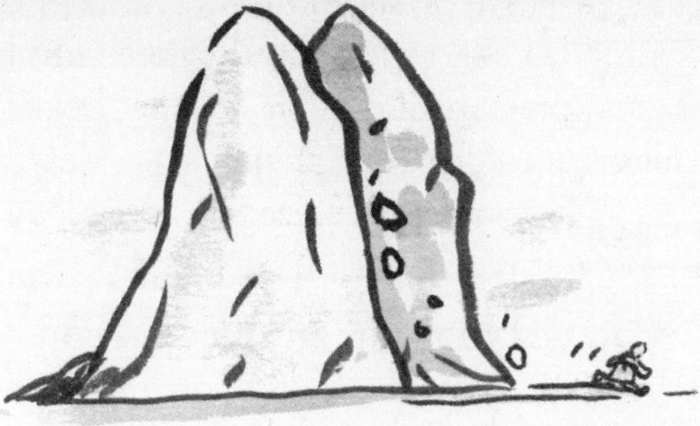

# 9

Elle n'eut pas à beaucoup marcher avant que la montagne s'ouvre, d'abord sur un étroit tunnel, puis sur un grand ravin. C'était le Ravin des Morts, comme l'avait appelé le monstre des montagnes. Il y avait là un vacarme assourdissant et le ravin était si profond qu'on n'en voyait pas le fond. Pani comprenait maintenant pourquoi il portait un nom si sinistre. Du haut des montagnes tombaient sans arrêt de gros blocs de pierre, à tel point qu'on aurait dit qu'il pleuvait des pierres.

Pani s'assit, découragée. Ici, rien ne pouvait l'aider. Si elle escaladait ce flanc de montagne, elle serait vite frappée et tuée par une de ces pierres. Elle prit entre ses mains le cristal de roche qu'elle portait autour du cou. Les pierres ! Elle était protégée contre les pierres, le vieux monstre le lui avait dit ! Elle bondit sur ses pieds. Oh, le gentil vieux monstre ! Il savait donc les dangers du ravin et c'est pour ça qu'il le lui avait donné. Prudemment, Pani commença à grimper sur le versant du ravin. Elle avait accroché son baluchon dans son dos. Elle entendait tout autour d'elle les avalanches de pierres, certaines passaient si près qu'elle en sentait le souffle. Mais aucune des pierres ne la touchait. Elle les voyait dévaler la montagne, bondir et rebondir, se briser et tomber en averse dans le fond. Et elle sentait l'odeur âpre des pierres lorsqu'elles se heurtaient. Certaines faisaient des étincelles en cognant contre les rochers et d'autres explosaient même en mille morceaux.

« Ouille ! Ça, c'était vraiment pas loin ! souffla-t-elle quand un énorme bloc siffla tout près de ses oreilles. Heureusement que j'ai le cristal de roche, sinon je n'aurais pas survécu à ça. »

Elle avançait lentement sur le versant mais, assez vite, elle put apercevoir un lac long et étroit. Derrière lui, une vaste plaine s'étendait jusqu'à l'horizon.

Au-dessus du lac volait une nuée d'oiseaux. Sur la surface lisse de l'eau, leurs ombres formaient d'incessants nuages, et lorsque Pani s'approcha de la rive, elle vit plus d'oiseaux qu'elle n'en avait jamais vus de sa vie, ni même entendu parler. Il y avait de minuscules oiseaux dorés aux ailes tout à fait transparentes et d'autres aussi grands que des chiens, avec de longues pattes rouges. Les pépiements, criaillements et sifflements étaient étourdissants. Tout près de la rive de sable, sur une touffe de mousse, se tenait un hibou des neiges. Il regarda Pani de ses yeux endormis mais intelligents. On aurait dit qu'il l'attendait.

« Bonjour, dit Pani.

— Bonjour, bonjour », répondit le hibou.

Il n'en dit pas plus mais continua à fixer des yeux la petite fille.

« Je viens d'un habitat qui est à beaucoup de journées de voyage d'ici, raconta Pani, et je vais trouver la Mère de la Mer pour lui demander de relâcher les animaux marins. Est-ce que tu pourrais m'aider ?

— Ouhouh, ouhouh ! C'est un bien petit sorcier que je vois là, ulula le hibou. Ouhouh, ouhouh ! Tu ne m'as pas l'air de grand-chose. »

Il referma les paupières sur ses yeux ronds et saillants, comme s'il s'était endormi. Mais c'est ce que font toujours les hiboux des neiges quand ils doivent réfléchir beaucoup.

« Je ne suis pas du tout un sorcier. (Pani regardait le hibou avec curiosité car elle n'en avait jamais vu d'aussi près.) Je m'appelle Pani et il faut que je traverse ce lac. »

Le hibou souleva avec difficulté ses paupières et regarda Pani avec beaucoup d'intérêt.

« Ouh, ouh ! Oui, tu dois traverser le lac. Il n'y en a pas beaucoup qui y arrivent. Mais sinon, sans doute, tu ne trouveras pas la Mère de la Mer. D'ailleurs, maman ourse m'a parlé de toi. Je l'ai rencontrée il y a quelques jours sur la glace. Elle espère beaucoup de ta visite chez la Mère de la Mer. Mais par où es-tu venue, car, si je comprends bien, tu es une grande voyageuse ? »

Pani raconta au hibou sa rencontre avec Tornarssuk et avec les bons et les méchants habitants des montagnes. Pour finir, elle lui montra son cristal, qui fut beaucoup admiré.

« Ouh, ouh ! Tu as eu beaucoup de chance. Tu es apparemment devenue la petite protégée de Tornarssuk. Dans ce cas, il vaut mieux que je t'aide aussi. Car les amis de Tornarssuk sont aussi mes amis, je dois te le dire. »

Il pointa son bec recourbé vers le lac.

« Ce lac est terrible, dit-il. Comme tu le vois, on ne peut pas en faire le tour, les montagnes sont trop abruptes et glissantes. On ne peut pas non plus le traverser à la nage, parce que l'eau est si froide qu'on y attrape aussitôt des crampes et qu'au bout de quelques mètres à peine, on s'y noie. Mais peut-être que je pourrais te tirer sur cette petite plaque de glace, là-bas. Si tu oses t'aventurer là-dessus. »

Pani regarda la petite plaque. Elle n'était vraiment pas grande en effet, mais il y avait juste assez de place pour elle et son baluchon. Elle pensa aux gens qui mouraient de faim dans l'habitat et à Nukat qui léchait avidement ses doigts, comme s'il voulait les manger.

« Oui, je veux bien essayer, dit-elle. Mais comment vas-tu me tirer ?

— Je vois que tu as un bout de lanière autour de ton baluchon, répondit le hibou. Tu vas l'attacher à une de mes pattes et t'accrocher à l'autre bout. Et je te traînerai jusqu'à l'autre rive. »

Le hibou sauta de sa touffe de mousse et ils se rendirent tous deux jusqu'à la plaque de glace.

« Maintenant, attache un bout de la lanière à ma patte et monte sur cette plaque ! »

Pani attacha solidement la lanière au pied du hibou puis elle sauta sur la surface gelée.

« Accroche-toi ! cria le hibou. On y va ! »

Il battit puissamment des ailes et fit quelques pas de course le long de la rive. Mais Pani ne laissa pas la lanière se déplier assez vite et le hibou tomba droit sur le bec.

« Ouhrrr ! Petite idiote ! Il faut laisser du mou, cria-t-il avec colère. On essaie encore une fois.

— Excuse-moi. »

Pani avait l'air confus, mais au fond d'elle-même elle ne pouvait s'empêcher de rire, le hibou avait eu l'air si drôle en tombant...

Le hibou reprit son élan et cette fois il s'éleva dans les airs. Il fit quelques cercles au-dessus de la tête de Pani.

« Maintenant, tire doucement la lanière vers toi, cria-t-il. Mais sans me ramener jusqu'à la plaque de glace, sinon je n'aurais pas assez d'air sous les ailes. »

Pani tendit un peu la lanière, puis elle sentit que la plaque commençait à bouger.

« Ouh, ouh ! On vogue ! »

Le hibou ulula un peu comme une sirène de bateau puis se dirigea droit vers l'autre rive. Ils firent une halte au milieu du lac parce que le hibou voulait se reposer. Il demanda à Pani de mettre la lanière sur son autre patte, puis ils repartirent et très vite arrivèrent sur l'autre rive. Pani sauta à terre. De l'autre côté du lac, le paysage était magnifique. Les montagnes s'élevaient doucement, comme de grandes collines, et elles étaient couvertes de coquelicots rouges et jaunes. Pani pensa que ce devait être une vallée comme celle-là qu'avait vue l'iceberg d'Umimak.

Quand le hibou eut retrouvé son souffle, il dit :

« Maintenant, je crois que je ne peux plus t'aider. Cette plaine s'appelle la Plaine des Coquelicots, ce qui n'a rien d'étrange. Il faut que tu la franchisses entre le lever et le coucher du soleil. Si tu y parviens, tu arriveras au Fjord Souriant, où habite la Mère de la Mer. Mais avant d'y arriver, tu vas sûrement rencontrer le renard bleu qu'on appelle le Renard Fou, et c'est un sale compère. Il faut que tu fasses attention. Il est violent, ce gars-là, et s'il te mord, la blessure ne guérit jamais. Si tu t'en sors, le reste de la route est facile. Et tu as ton amulette, m'a raconté maman ourse.

Il fit cligner un peu ses lourdes paupières.

« L’eau du Fjord Souriant est propre et claire, depuis la rive, tu peux voir la maison de la Mère de la Mer. »

Le hibou monta sur la pointe de ses pattes puis battit des ailes ; Pani sentit leur souffle autour de ses oreilles.

« J’espère que tu vas arriver saine et sauve, dit-il d’un air inquiet. Prends bien garde au Renard Fou. C’est un affamé, qui dévore tout ce qu’il rencontre.

— Je ferai attention », promit Pani.

Elle agita la main quand il s’envola puis le regarda partir jusqu’à ce qu’il ne soit plus qu’un petit point dans le ciel. Elle prit alors son baluchon et se mit en route dans la merveilleuse plaine aux coquelicots.

« “Entre le lever et le coucher du soleil...”, pensa-t-elle. Il vaut donc mieux que j’utilise la patte de lièvre. »

Elle l’accrocha autour de son cou et, immédiatement, elle fila à toute vitesse.

Quand le soleil se cacha derrière les montagnes, elle fit une pause. Elle se coucha sur le tapis de fleurs qui sentait si bon et sortit la cuisse de renne éternel. Après avoir avalé un solide repas, elle fourra la cuisse sous sa tête et s'allongea pour dormir.

« Il vaut mieux que je dorme un peu avant d'arriver au Fjord Souriant », pensa-t-elle.

Pani fut réveillée par un bruit de mastication. Elle ouvrit les yeux et vit juste au-dessus d'elle un grand renard bleu en train de manger la cuisse de renne éternel. Quand il vit qu'elle se réveillait, il se mit à grogner férocement.

« Qui es-tu ? » demanda Pani. Elle tenait l'œuf-force dans sa main et n'avait donc pas peur du tout.

« On m'appelle le Renard Fou, glapit le renard. Et quand j'en aurai fini avec cette excellente cuisse, je te dévorerai aussi.

— J'ai une patte de lièvre en amulette, dit Pani. Tu ne pourras pas m'attraper. Et j'ai un œuf-force. »

Le renard éclata d'un rire méprisant.

« Ah, ah ! Ton œuf-force ne me fait pas peur, ça ne marchera pas avec moi. Et je vais te dire une chose, je suis plus rapide que n'importe qui possédant une amulette, même une patte de lièvre. »

Il regarda de nouveau l'appétissante cuisse de renne.

« Mais je vais d'abord tranquillement finir de manger cette délicieuse cuisse de renne, qui est vraiment bien bonne. Après je te rattraperai et te dévorerai en une seule bouchée.

— Tu dois vraiment avoir faim ! dit Pani.

— Ça fait des années que je n'ai pas fait un repas convenable, répondit le renard. On dit que je suis sans fond. On m'appelle le Renard Fou parce que j'ai toujours faim.

— On verra bien si tu peux me rattraper..., dit Pani. En tout cas je ne vais pas attendre ici que tu me manges.

— Je m'en doute, bougonna le renard. File donc, je te rattraperai sans peine. Et je te dévorerai, toi, ton amulette et même ton œuf-force. »

Pani se leva d'un bond et partit en courant. Elle courut aussi vite que possible, la patte de lièvre et le cristal de roche se balançant à son cou. Mais elle n'avait pas peur que le renard la rattrape. Elle savait qu'il n'aurait pas fini de manger la cuisse de renne éternel de sitôt. Maintenant que la cuisse avait de nouveau changé de propriétaire, il pourrait en manger du soir au matin jusqu'au prochain changement de lune et, à ce moment-là, Pani serait loin.

# 10

Elle arriva au Fjord Souriant bien avant que le soleil se lève. Le fjord était très large et l'eau calme reflétait les silhouettes rondes des montagnes alentour. Elle était si claire que Pani pouvait voir tout le fond. Au loin, elle aperçut la pointe d'un toit de maison qui dépassait de l'eau comme un écueil.

« Voilà où habite la Mère de la Mer ! jubila-t-elle. Enfin je l'ai trouvée ! Je vais me changer en narval et nager jusque-là. »

Elle regarda l'eau et vit beaucoup de phoques et aussi un grand morse aux longues dents jaunes. Il avançait sur le fond en fouillant la vase pour trouver des huîtres.

« Je souhaite prendre la forme du narval ! » cria-t-elle bien fort.

Immédiatement, ses articulations commencèrent à la tirailler et à lui faire mal, puis Pani se transforma en narval. Elle donna quelques battements de queue et descendit en eau profonde. Les animaux de la mer la saluaient joyeusement quand elle passait, elle les saluait en retour et gardait le cap sur la maison au milieu du fjord grâce à sa longue dent.

C'était une maison magnifique. Faite de coquilles de moules et de petits escargots ; assez grande pour contenir toutes sortes d'animaux de la mer. La Mère de la Mer était assise au milieu de la maison sur une chaise de corail rouge et Pani se dirigea droit vers elle. Elle dit à voix haute :

« Je souhaite redevenir la fille Pani ! »

À l'instant même, Pani se retrouva devant la Mère de la Mer avec son petit baluchon à la main et son amulette autour du cou.

« Je suis Pani, dit-elle en regardant la vieille femme. Je suis venue te demander de relâcher les animaux marins pour que nous puissions manger dans l'habitat. Je dois te demander la même chose de la part des ours aussi. »

La Mère de la Mer hocha pensivement la tête. Pani vit que ses cheveux étaient gris et graisseux de saleté. Ses yeux sombres étaient fatigués et avaient l'air triste.

« J'ai beaucoup entendu parler de toi, Pani, et de tes aventures également. Tu as voyagé longtemps pour venir porter ta prière. Mais est-ce que tu as réfléchi à la raison pour laquelle je retiens les animaux de la mer ?

— Parce que tu es fâchée, répondit Pani.

— C'est vrai. Mais t'es-tu demandé pourquoi j'étais fâchée ? »

Pani ne s'était pas posé la question, et la Mère de la Mer poursuivit :

« Vois-tu, je suis fâchée parce que vous autres, les hommes, vous agissez sans réfléchir et faites du mal aux animaux. Les petits garçons lancent des pierres sur les oiseaux et pourchassent inutilement les bœufs musqués avant que leurs pères les tuent. Je suis fâchée parce que, très souvent, vous tourmentez les animaux, même si ce n'est pas nécessaire. Je suis fâchée parce que vous tuez les ours sans vous demander s'ils ont des petits, parce que vous chassez des phoques nouveau-nés alors qu'ils ne savent même pas encore nager. C'est pour tout ça que je suis en colère. Regarde mes cheveux. Toute cette saleté, elle vient de la méchanceté et de la bêtise des hommes. »

Pani regarda les cheveux crasseux de la Mère de la Mer et elle baissa les yeux sur la pointe de ses kamiks. Elle savait que les hommes faisaient tout ce qu'avait dit la Mère de la Mer et elle en rougit de honte. La Mère de la Mer le vit et lui dit :

« Mais j'ai vu aussi comment tu as veillé sur l'ourson Nanok et comment tu as appris à écouter les animaux au point que tu sais leur parler. Alors j'ai appris que les hommes peuvent aussi être bons avec les animaux. Si tu arrives à nettoyer mes cheveux, à en retirer toute la saleté, je relâcherai les animaux et vous aurez de nouveau à manger. Mais il faudra que tu dises à tous les hommes que tu rencontres qu'ils doivent être bons et justes envers tous mes animaux. »

La Mère de la Mer lui tendit un grand peigne fait de fins fanons de baleine.

« Moi, je suis trop vieille et trop fatiguée pour les peigner bien à fond. J'ai du mal à lever les bras. Veux-tu m'aider ? »

Pani hocha la tête et prit le peigne. Elle lissa les cheveux graisseux et constata que la saleté s'était accrochée à chacun des cheveux comme de la colle. À mesure que ses cheveux gagnaient en propreté, la Mère de la Mer se transformait aussi. Ses rides s'effaçaient et son visage devenait plus lisse. Ses yeux, que la peau flasque et les poches avaient presque cachés, ressortaient maintenant, brillants de joie et de bonté. Quand Pani eut presque une crampe au bras à force de peigner sa chevelure, celle-ci était devenue toute soyeuse, noire et brillante. Elle ondulait et voguait joliment dans l'eau autour de la tête de la Mère de la Mer. Pani recula un peu et lui rendit le peigne.

« Maintenant, je crois qu'il ne reste plus de saletés », dit-elle, tout épuisée.

La Mère de la Mer lui sourit avec reconnaissance :

« Tu es une petite fille douée et je ne suis plus fâchée. Mes animaux vont maintenant avoir le droit de retourner sur les côtes. Mais assieds-toi là à mes pieds et je vais te parler de mes chers animaux. »

Pani s'installa au pied de la belle chaise en corail et écouta la Mère de la Mer. Celle-ci parla de tous les animaux que Pani connaissait et de quelques animaux étranges dont Pani n'avait jamais entendu parler. Tout en racontant, la Mère de la Mer caressait les cheveux de Pani et Pani avait de plus en plus de mal à garder les yeux ouverts. Elle entendit la femme dire :

« Et maintenant, il faut que tu dormes. Ç'a été un long voyage difficile pour une si petite fille. Dors, Pani. Quand tu te réveilleras, tu seras de retour dans l'habitat. »

Et Pani s'endormit paisiblement.

# 11

Elle rêva qu'elle nageait vers l'habitat. Le narval, dont elle avait repris la forme, connaissait le chemin, et Pani nageait sans se préoccuper de la direction. Lorsqu'elle resurgit à la surface, elle vit que la glace avait dérivé loin sur la mer et qu'elle se trouvait devant un fjord libéré des glaces, juste devant l'habitat. Elle vit les maisons et cette vue lui donna une grande joie. Elle nagea jusqu'à la terre, pas loin de la maison de

Ningiok, puis posa son grand corps de narval sur le sable. Lorsqu'elle voulut se transformer en Pani, elle n'arriva pas à trouver les mots justes et elle se mit à essayer de tirer son corps de narval pour le ramener dans l'eau. Mais elle n'y arrivait pas. Elle entendit alors des voix autour d'elle, des voix qu'elle connaissait, et elle se réveilla.

Pani ouvrit les yeux et vit son père et Umimak penchés sur elle. Derrière Umimak, elle aperçut Ningiok. Elle essaya de s'asseoir mais son père l'en empêcha.

« Reste allongée, Paninguak, dit-il en utilisant son surnom. Je vais te porter jusqu'à la maison.

— Mais la Mère de la Mer ? demanda-t-elle tout étourdie. Où est la Mère de la Mer ?

— Elle est dans la mer, rit son père, et on dirait qu'elle n'est plus fâchée contre nous, puisque tu es couchée à côté du plus grand narval que j'aie jamais vu.

— Le narval ! Oh, mais le narval, c'est moi ! » dit Pani.

Elle tourna la tête et vit le grand corps luisant tout près d'elle.

Ningiok s'agenouilla à ses côtés.

« Tu n'es plus un narval, dit-elle doucement. Le narval est mort et il y a assez de viande pour tout l'habitat pour très longtemps. »

Le père de Pani continuait à rire. Il était si heureux qu'elle soit revenue vivante et qu'elle ait rapporté une si belle prise...

« Et tu as vraiment pris soin de ton butin, dit-il, puisque tu as accroché un bout de la lanière de ton baluchon autour de sa grande dent. »

Pendant que les chasseurs portaient de gros morceaux de chair de narval vers les séchoirs à viande, Pani fut transportée chez elle par son père. On l'allongea sur le lit, et sa sœur Poline lui donna à manger de gros bouts de peau de narval, qu'on appelle mattak. Il y avait maintenant suffisamment de nourriture pour tout le monde et, ce soir-là, la plupart des gens de l'habitat eurent mal au ventre d'avoir trop mangé. Umimak le barbu vint écouter le récit de Pani sur son long voyage jusqu'au fjord de la Mère de la Mer et il dit qu'elle était une petite fille sensée. Car si elle n'avait pas appris à parler aux animaux, elle n'aurait jamais trouvé la Mère de la Mer.

Et c'est ainsi que se termine l'histoire de la petite fille qui cherchait la Mère de la Mer.

# Lexique

ANGAKOK :
L'angakok est le sorcier, ou chaman, et l'homme sage de l'habitat. Il a un rôle de conseiller et a suivi une initiation qui lui permet de communiquer avec les esprits et de faire des voyages magiques pour aller les rencontrer. Il est aidé en cela par des esprits-assistants, comme Tornarssuk.

HABITAT :
Les Eskimos, autrefois peuple nomade, se regroupaient en toutes petites localités pour une ou deux saisons, à des endroits propices à la chasse. Souvent, il ne s'agissait que d'une grande famille. On a donc cherché un terme pour désigner un lieu d'habitation plus petit qu'un village ou un hameau.

KAMIKS :
Ce sont des bottes en peau de phoque, que confectionnaient les femmes eskimos, et qui sont extrêmement résistantes et étanches.

MATTAK :
Peau de narval, considérée comme une friandise de choix.

NGUAK :
Diminutif tendre, utilisé en langue eskimo pour les enfants, mais aussi pour les gens sympathiques, aimés de tous.

PAYS DES HOMMES :
L'Eskimo, ou Inouk, signifie l'Homme par excellence. Le peuple du Grand Nord est donc

le peuple des Hommes. Les Blancs (et le plus souvent les Danois, car le Groenland fait partie du royaume du Danemark) sont désignés par un autre nom qui signifie “gros sourcils” (les qavdevnak).

SAISONS :
Au Groenland, une des plus grandes îles du monde, le rythme de la nuit et du jour varie selon la latitude à laquelle on se trouve. Tout au nord, la « grande nuit » peut durer 5 mois ; tout au sud, 1 mois à peine. Pani habite donc au milieu du Groenland. Mais cela n’empêche pas l’auteur d’utiliser, comme ici, le découpage en quatre saisons : été, automne, hiver et printemps.

TUPILAKS :
Les tupilaks sont des esprits bienveillants ou malveillants, qui peuplent la nature. Les Eskimos en font des petites statuettes en os. Selon la mythologie eskimo, la nature est animée et l’homme doit veiller à rester en harmonie avec elle.

## Jørn Riel

Jørn Riel est né au Danemark en 1931. En 1950, il part avec l'expédition Lauge Koch au Groenland, où il vivra seize ans. C'est de ce bout du monde désert et gelé qu'il ramenera plus de vingt romans. Aventurier, ethnologue, écrivain, conteur, Jørn Riel nous offre une vision inimitable de l'Arctique et des hommes qui le peuplent. Auteur de « racontars » arctiques qui l'ont rendu célèbre, l'essentiel de son œuvre est publiée aux éditions Gaia. Le Livre de Poche Jeunesse accueille avec un immense plaisir un de ses rares contes pour la jeunesse. Aujourd'hui, Jørn Riel vit dans une maison à la lisière de la forêt, à Kuala-Lumpur, capitale de la Malaisie.

Si vous avez aimé ce livre, vous aimerez aussi dans la collection Le Livre de Poche Jeunesse :

## Si vous avez aimé ce livre, vous aimerez aussi dans la collection Le Livre de Poche Jeunesse :

**Poucette et autres contes**
Hans Christian Andersen
Traduit du danois par D. Soldi, E. Grégoire et L. Moland
Histoires gaies ou tristes, on tremble, on pleure et l'on rit chez Andersen.
8 ans et +
N°19

**La maison brisée**
Francis Berthelot
En se séparant, les parents de Pierre-Plume ont emporté chacun une moitié de la maison : l'une sur la lune, l'autre au fond des océans. Pierre-Plume n'a plus qu'un désir : les réunir à nouveau.
8 ans et +
N° 708

**Txontxongilo**
Jean-François Chabas
Hannibal le pirate a taillé sa légende à coup de sabre. Mais la terreur des mers commence sérieusement à s'ennuyer, comme un acteur qui jouerait pour la millième fois la même pièce de théâtre. Alors son second Scipion a une idée : il va emmener son capitaine faire du tourisme...
8 ans et +
N° 739

**Légendes de la mer**
Bernard Clavel
Dix-neuf histoires de la mer avec ses sirènes, ses requins, ses sorcières, ses villes englouties et ses palais sous les eaux.
8 ans et +
N° 63

**Légendes des lacs et rivières**
Bernard Clavel
Les monstres, les poissons fées, les recettes magiques : tous les secrets de l'eau qui court et qui dort avec ses mystérieux habitants.
8 ans et +
N° 42

**Légendes des montagnes et forêts**
Bernard Clavel
Dans les montagnes, surgissent le diable et le Grand Singe blanc... Au cœur des forêts, apparaissent des filles ensorcelées, et des arbres qui parlent.
8 ans et +
N° 154

**Baychimo, vaisseau des glaces**
Yves-Marie Clément
Un vieil Inuit raconte à son petit-fils les longs voyages sur la banquise, la chasse à l'ours blanc et le Baychimo, vaisseau fantôme, mirage scintillant...
8 ans et +
N° 622

**Maurice Druon**
Tistou les pouces verts
Tistou a un don : tout ce qu'il touche se couvre de fleurs. Mais les hommes en seront-ils plus heureux ? Le petit garçon s'y emploie...
8 ans et +
N° 3

**Les contes de la Saint-Glinglin**
Robert Escarpit
Des expressions comme "à la saint-glinglin", "à tire-larigot", "prendre la poudre d'escampette" ont toujours une explication... fantaisiste !
9 ans et +
N° 1

**Le roi Grenouille et autres contes**
Jacob et Wilhelm Grimm
Traduit de l'allemand par Pierre Durand
Grenouille, soldat ou enfants perdus : tous vont droit devant eux et rien ne les arrête. Pas même le diable !
8 ans et +
N° 18

**La Belle et la Bête et autres contes**
Jeanne-Marie Leprince de Beaumont et Marie-Catherine d'Aulnoy
La Belle, la princesse Rosette, la Belle aux Cheveux d'or, l'Oiseau bleu, autant de héros qui incarnent l'éternel combat des fées contre les sorcières
8 ans et +
N° 21

**Kirikou et la sorcière**
Michel Ocelot
Croquis originaux de l'auteur
Kirikou n'est pas grand mais il est vaillant... Karaba la sorcière n'a qu'à bien se tenir ! Un ouvrage où Michel Ocelot, au-delà de son film, se révèle un talentueux conteur.
7 ans et +
N° 702

**Contes**
Charles Perrault
Le loup est dans le bois, Barbe-Bleue dans sa tour, l'Ogre enfile ses bottes... Educatif et passionnant !
8 ans et +
N° 20

**Zlateh la chèvre et autres contes**
Isaac Bashevis Singer
Traduit de l'américain par Giselle Bernier et Marie-Pierre Bay
Un enfant conduit Zlateh chez le boucher, mais, dans la tempête de neige, c'est elle qui le sauve. Un paresseux se croit au Paradis, des naïfs font des sottises, le Diable perd la partie...
8 ans et +
N° 4

*Composition JOUVE - 53100 Mayenne*
N° 303027j
Imprimé en Italie par G. Canale & C. S.p.A. - Borgaro T.se (Turin)
mars 2003 - Dépôt éditeur n° 32780
32.10.1923.5/03 - ISBN : 2.01.321923.7
*Loi n° 49-956 du 16 juillet 1949 sur les publications destinées à la jeunesse*
*Dépôt légal : mars 2003*